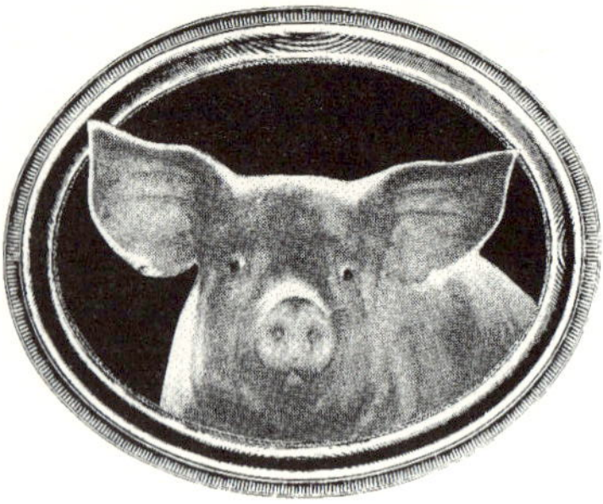

Harald Grill

Hans im Glück –
hin und zurück

Geschichten vom Land

Bilder von
Hanno Rink

Rowohlt

rororo rotfuchs
Herausgegeben von Ute Blaich und Renate Boldt

Originalausgabe
Veröffentlicht im Rowohlt Taschenbuch Verlag GmbH,
Reinbek bei Hamburg, März 1996
Copyright © 1996 by Rowohlt Taschenbuch Verlag GmbH,
Reinbek bei Hamburg
Umschlagillustration Hanno Rink
Umschlaggestaltung Nina Rothfos
rotfuchs-comic Jan P. Schniebel
Alle Rechte vorbehalten
Satz Garamond (Linotronic 500)
Gesamtherstellung Clausen & Bosse, Leck
Printed in Germany
890-ISBN 3 499 20820 2

*für den Hans, den Hansi, den Johann,
den Johannes, für die Johanna
und für alle Johanniter*

Inhalt

Neues vom Hansi und vom Gruber-Hof 9

Der Ferkelgeburtstag 17

Zwei Indianer auf dem Bauernhof 26

Die Billig-Reise zum Oktoberfest 53

Das himmelblaue Moped 74

Der Schülerstreik 94

O Tannenbaum, o Tannenbaum! 104

Die Kugellagerweltkugel 112

Manchmal werden Träume wahr 121

Neues vom Hansi und vom Gruber-Hof

Eigentlich heißt er Johannes. Aber seit er sich erinnern kann, nennt ihn jeder *Hansi*... Früher hat ihm das nichts ausgemacht. Im Gegenteil, da wäre es ihm komisch vorgekommen, wenn ihn jemand *Johannes* gerufen hätte.
Aber seit ein paar Wochen gefällt ihm *Hansi* als Rufname nicht mehr so besonders. Der Radlmeier Franzi hat nämlich zum Geburtstag einen Kanarienvogel bekommen, und der heißt auch *Hansi*.
Wenn jetzt die Mamma schreit: «Hansi, fahr mal schnell runter zum Supermarkt und hol mir eine schwarze Schuhkrem!»
Oder wenn der Lehrer fragt: «Hansi, warum träumst du schon wieder?»
Oder wenn die Barbara zu ihm sagt: «Hansi, schau nicht so langweilig!»
Da kommt er sich vor wie ein Kanarienvogel im Käfig, der raus will und nicht kann.
Hansi...! Haaansi...! Haaansiiii...! Richtig blöd kommt ihm dieses *Hansi* mit einemmal vor, irgendwie kindisch. Wenn er sich vorstellt, daß er so alt ist wie sein Pappa, und alle sagen immer noch *Hansi* zu ihm... Er ist ja schließlich kein kleines Kind mehr! Und ein Kanarienvogel ist er auch nicht.

Fast wär's ihm lieber, wenn ihn jeder *Johannes* oder *Hans* rufen würde. Aber nur fast – denn ob er sich jemals an *Johannes* oder *Hans* gewöhnen könnte, das ist noch lange nicht sicher.
Johannes sagt nämlich die Mamma meistens, wenn er was ausgefressen hat. Und dabei verzieht sie das Gesicht und schaut ihn furchtbar vorwurfsvoll an.
Hans nennt ihn der Pappa wie nebenbei, wenn ihm der Hansi bei der Arbeit helfen soll oder wenn er sonst irgendwas Anstrengendes von ihm will. Jaja, da tut er immer so, als hätte er es mit einem Erwachsenen zu tun.

Den Hansi gibt es jedenfalls wirklich. Mit Nachnamen heißt er Gruber, und er lebt mit seinen Eltern auf einem Bauernhof in Renzenbach, das ist ein Dorf in der Nähe von Regensburg.
Wie der Hansi wirklich heißt, das darf ich natürlich nicht verraten, immerhin gibt es ein Datenschutzgesetz. Vielleicht heißt er Andreas oder Josef oder Anton und wird Andi, Sepp oder Toni oder gar Anderl, Sepperl oder Tonerl gerufen. Möglich ist alles... na ja: *alles* nun auch wieder nicht.
Der Pappa ist zwar der größte Bauer in Renzenbach, er ist nämlich 1,92 m groß – ohne Hut! Der Gruber-Hof aber gehört eher zu den kleineren Höfen hier in der Gegend. Das Geld, das sie mit der Landwirtschaft verdienen, reicht hinten und vorne nicht.
«So kann es nicht mehr weitergehen!» brummt der

Pappa und blättert eine Zeitschrift durch, die er in der Sparkasse mitgenommen hat.
Er liest die Überschriften vor:
Planen Sie Ihren Betrieb mit dem Computer!
Hagelversicherung – reduziertes Risiko!
Brauchen Sie Geld – wir beraten Sie gern!
In letzter Zeit reden die Eltern oft bis in die späte Nacht hinein miteinander. Manchmal horcht der Hansi an der Tür. Immer wieder geht es ums Geld. Aber meistens versteht er bloß *Bahnhof*. Er spürt, daß etwas Besonderes bevorsteht. Er weiß nicht, ob er sich drauf freuen oder ob er davor Angst haben soll.
Der Hansi stellt auch nicht mehr so viele Fragen wie früher. Vieles versteht er nun von selbst...
Aber warum der Vater für einen Zentner Weizen im letzten Jahr weniger bekommen hat als vor dreißig Jahren, wo doch sonst alles so viel teurer geworden ist, das würde der Hansi schon gern wissen.
«Das kann dir nicht einmal der Landwirtschaftsminister erklären», meint der Pappa. «Die Leute vom Bauernverband sagen, daß wir das Getreide ans Vieh verfüttern sollen – aber was soll's, fürs Vieh kriegt man ja auch kaum was!»
Die Mamma hat in der Zeitung gelesen, daß ein Senator gefordert hätte, Gerste als Heizmaterial zu nehmen. Aber damit ist der Pappa erst recht nicht einverstanden. Er erzählt von seinem Vater, vom Krieg und von der Hungersnot und wie er einmal eine kräftige Ohrfeige be-

kommen hat, weil er ein Stück Brot weggeworfen hatte, und daß Brot etwas ganz Kostbares ist.
Die Eltern stehen vor einer schweren Entscheidung: Sollen sie den Bauernhof aufgeben oder nicht?
Der Pappa würde künftig am liebsten in der Autofabrik bei BMW arbeiten. Den Hof könnten sie noch nebenher führen, meint er. Die Mamma fürchtet aber, daß das zuviel wird: die Felder, die Tiere, der Garten, der Haushalt...
«Wir werden doch schon jetzt kaum mit der Arbeit fertig!» meint sie.
Sieben Kühe haben sie, zehn Schweine, siebenundzwanzig Hühner, drei Gockel und vier Katzen. Früher haben sie viel mehr Katzen gehabt. Doch seit die neue Schnellstraße fertig ist, werden immer wieder welche von Autos totgefahren.
Wegen dieser Schnellstraße haben sie vor einiger Zeit zwei große Felder gegen andere weiter weg, droben auf dem Dropsberg, eintauschen müssen.

Als der Hansi eines Tages von der Schule heimkommt, ist es merkwürdig still im Haus. Es riecht auch überhaupt nicht nach Mittagessen. Die Mamma und der Pappa sind nicht zu Hause.
Da findet er einen Zettel auf dem Küchentisch: *Brotzeit ist im Kühlschrank – wir kommen später. Mamma*
Kein Wort darüber, wo sie hingefahren sind...
Die Mutter hat ihm Käsebrote in den Kühlschrank ge-

legt. Aber seine Neugierde hat den Hunger ganz vertrieben. Was ist denn bloß los?
Irgendwie ärgert er sich. Warum reden sie denn nicht vorher mit ihm, wenn sie etwas vorhaben?
Als sie endlich heimkommen, läßt der Hansi nicht locker, bis sie ihm alles erzählen.
Der Pappa hat sich zusammen mit der Mamma wegen einer Arbeitsstelle im BMW-Werk bei Neutraubling erkundigt. Die werden ihn nehmen! In vier Wochen kann's losgehen...
In die Arbeit kann er immer mit dem Werksbus fahren.
Wenn er Frühschicht hat, dann muß er um vier Uhr morgens aus dem Haus und kommt gegen halb vier am Nachmittag wieder heim.
Wenn er zur Spätschicht eingeteilt ist, muß er erst nach dem Mittagessen weg und kommt um ein Uhr nachts zurück.
Alle drei Wochen kann der Pappa fünf Tage hintereinander zu Hause bleiben, und auch am Sonntag hat er jetzt immer frei!
Im August gibt es drei Wochen Betriebsferien. Auch verdienen wird er viel besser als früher.
«Und einen nigelnagelneuen BMW kann ich auch billiger bekommen», erzählt der Pappa begeistert.

Nun wird sich also das Leben auf dem Gruber-Hof von Grund auf ändern. Vielleicht können sie jetzt auch mal in den Urlaub fahren wie andere Familien. Vielleicht kön-

7

10

3

27

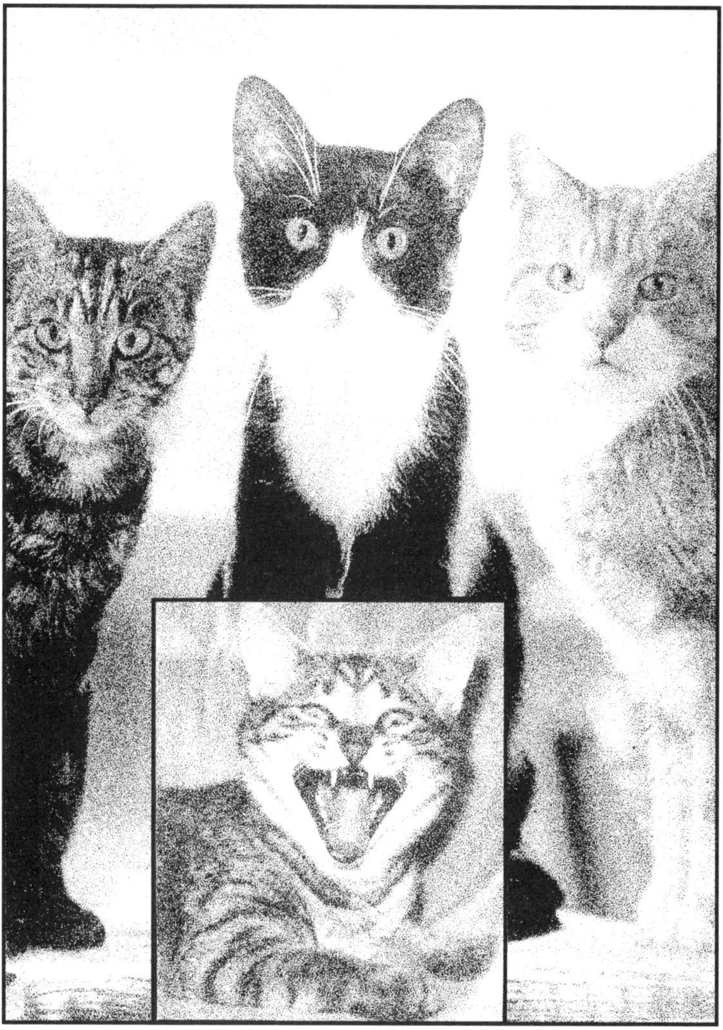

nen sie zusammen ins Kino gehen oder ins Schwimmbad.
Vielleicht, vielleicht, vielleicht...
Aber was soll aus den Tieren werden?
Was soll mit den Feldern geschehen?
Der Pappa kann doch nicht alles verkaufen – er ist doch immer gern Bauer gewesen.
Na ja, wenn alles so ganz anders werden soll, vielleicht wird dann aus dem Hansi tatsächlich noch ein *Johannes* oder ein *Hans*. Mal sehen.

Der Ferkelgeburtstag

Ein komisches Gefühl haben sie schon, als die Kühe eine nach der anderen aus dem Stall hinaus in den Viehtransporter geführt werden. Der Viehhändler wird sie nach Regensburg zum Schlachthof bringen: die Mirl, die Liesl, die Rosa, die Bless, die Beetzi, die Kathl, die Zenz...
Die Mamma kann es gar nicht mitansehen, sie wischt sich eine Träne von der Wange und verschwindet im Haus.
Am Abend ist der Kuhstall leer. Die Eltern müssen zum erstenmal, seit sie verheiratet sind, nicht hinaus zum Melken. Sie sitzen im Wohnzimmer wie bestellt und nicht abgeholt. Ab heute betreiben sie den Bauernhof nur noch nebenbei. Die meisten Felder hat der Pappa schon an die Nachbarn verpachtet.
Wer aber meint, der Hansi müßte von nun an auch *nur so nebenbei* zu Hause mithelfen, der hat sich getäuscht. Schließlich ist der Pappa die meiste Zeit in der Fabrik. Da kann der Hansi doch nicht einfach zuschauen, ohne seiner Mutter zu helfen. Sie haben ja noch vier Schweine behalten und siebenundzwanzig Hühner und drei Gokkelhähne und auch das Rübenfeld und den Kartoffelakker. Außerdem hat der Hansi noch seine Hasen.
Und Bauernarbeit ist Bauernarbeit. Da ist es nicht so wie beim Onkel Manfred im Postamt, daß man um halb acht anfängt und um vier Uhr Feierabend macht. Tiere sind

eben keine Maschinen, die man an- und abschalten kann. Die haben einfach Hunger. Oje, oje, das gäbe ein Geschrei, wenn sie das Füttern einmal vergessen würden.
Trotzdem sträubt sich der Hansi ab und zu, der Mamma zu helfen.
«Jo-han-nes, du bist doch auch nicht begeistert, wenn du einen ganzen Tag lang nichts zu futtern bekommst!» sagt die Mamma dann und verdreht die Augen.
Die Viecher müssen jeden Tag versorgt werden, auch am Samstag und Sonntag, an Weihnachten und an Ostern. Nein, in den Urlaub sind die Grubers noch nie gefahren.
Für die Hühner gibt's Körner und Brotreste. Auch die alten Eierschalen picken sie auf. Sie brauchen den Kalk, damit ihre neuen Eier wieder feste, dicke Schalen bekommen. Wenn die zu dünn sind, dann brechen sie viel zu leicht, und man kann die Eier nur noch wegschmeißen.
Für die Schweine müssen sie jeden Tag Weizen- und Gerstenschrot mit Wasser vermengen. Dazu richten sie manchmal auch Rübenhäcksel oder Kartoffelstampf her. Schweine sind Allesfresser, so richtige Müllschlucker. Sogar Essensreste fressen sie gern. Auf dem Gruber-Hof landet nur wenig Abfall in der Mülltonne.
Am schwierigsten ist das Ausmisten der Ställe. Das ist eine harte Arbeit. Gott sei Dank hat der Pappa genug Freizeit. So kann er dabei mit anpacken.

Es gibt Tage, da würde der Hansi den Bauernhof am liebsten herschenken. Zum Beispiel dann, wenn er müde von der Schule nach Hause kommt und die Mutter schreit: «Komm, Hansi, heute müssen wir Erdäpfel klauben!»
Ja, pfui Teufel! Wann soll er denn die Hausaufgaben machen? Und wann kann er spielen?
Oft muß der Hansi am Abend noch auf Eiersuche gehen. Die im Hühnerstall findet er ja schnell. Doch eigentlich geben die Hühner die Eier nicht so gerne her, weil sie natürlich ihre Jungen ausbrüten wollen – logisch. Darum verstecken sie ihre Nester manchmal in den hintersten und finstersten Ecken im Heustadel. Wenn der Hansi sie nicht rechtzeitig findet, sind sie angebrütet, und man kann sie nicht mehr essen.

Einmal an einem Montagnachmittag, als der Hansi gerade damit begonnen hat, seinen Aufsatz *Was ich in meiner Freizeit am liebsten unternehme* zu schreiben, da kommt die Mamma herein und sagt: «Du, heut brauch ich dich ganz notwendig!»
«Ich wollt aber mit dem Franzi –»
Die Mamma läßt ihn gar nicht ausreden: «Hilft ja nichts, Hansi, ich hab's mir auch nicht ausgesucht, aber die vordere Sau ferkelt jeden Augenblick. Weißt du noch, letztesmal ist niemand dabeigestanden, da hat sie acht Ferkel erdrückt!»
Und als sie sieht, wie der Hansi den Kopf hängen läßt,

fügt sie hinzu: «Tut mir ja leid, wenn ich dir den Nachmittag verderben muß, aber ich hab so viel zu tun, ich kann mich nicht die ganze Zeit hinstellen. Vielleicht bleibt der Franzi bei dir. Wenn ihr zu zweit seid, dann ist es doch nicht gar so langweilig, oder?»
Der Franzi ist nicht besonders begeistert, daß sie nicht drunten am Bach spielen können. Erst als ihm der Hansi erzählt, daß das Schwein Junge bekommt, wird er neugierig.
«Da bin ich noch nie dabeigewesen! So was hab ich noch nie gesehen, da bleib ich auf jeden Fall da!»
Auf dem Gruber-Hof haben die Schweine keine Namen so wie früher die Kühe. Da geht es nur darum, in welcher Box im Stall die Sau steht, und sie heißt *die vordere Sau* oder *die mittlere Sau* oder *die hintere Sau*.
«Schade ist es schon», meint der Hansi, «aber das ist eben so – kein Mensch kann sich die vielen Tiernamen merken!»
Noch dazu holt der Metzger immer wieder mal ein Schwein zum Schlachten ab. Und wenn es einen Namen hat, tut es einem ja viel mehr leid.
Der Hansi und der Franzi stellen sich jetzt zwei Stühle zur vorderen Sau. Die beiden Buben warten und warten. Nichts passiert. Zwischendrin bringt ihnen die Mamma vier Müsli-Riegel und zwei Flaschen Limo zur Stärkung.
«Schreit mir aber, wenn sich was rührt!» ermahnt sie die beiden noch, und schon ist sie wieder weg.

Aber es passiert und passiert nichts – – –
Stinklangweilig ist es. Der Franzi beginnt die Fliegen auf dem Rücken der Sau zu zählen und kommt dauernd durcheinander, weil sie nicht stillhalten.
Auf einmal dreht sich das Mutterschwein zur Seite und grunzt ganz jämmerlich: «Ngchrrr! Ngchrrr!»
Die Buben schauen neugierig hin und warten gespannt, was jetzt passiert. Nach ein paar Minuten kommt das erste Ferkel aus dem Bauch: Ganz hinten unter dem Schwänzchen der Sau kommt es heraus. Der Hansi schaut es sich genau an.
«So ein kleines Würstchen! Es hat eine Haut, durchsichtig wie Glas. Jedes Äderchen kann man erkennen!»
Der Franzi meint bloß: «Iiih, da klebt Blut dran, iiih, schaut das scheußlich aus!»
Doch da kommt das nächste und gleich darauf noch eines. Der Franzi kann gar nicht mehr hinsehen.
«Ich hol schnell deine Mamma!» ruft er. Und schon ist er unterwegs.
Als er mit der Mamma zurückkommt, sind es bereits vier. Jedes hat am Bauch einen Faden hängen.
«Das ist die Nabelschnur, die brauchen sie jetzt nicht mehr!» erklärt sie den Buben.
«Dürfen wir jetzt zum Spielen gehen?» fragt der Hansi.
Aber die Mamma läßt sie noch nicht aus.
«Das sind längst noch nicht alle», meint sie.
Also warten sie wieder. Sie starren das Mutterschwein an.

Regungslos liegt es da. Nur die Flanke hebt und senkt sich. Es atmet heftig. Ab und zu schnarcht es ein bißchen. Aber nichts geschieht. Der Wasserhahn hinten im Stall ist nicht richtig zugedreht; plog und plog und plog und plog tickt es in den Wassereimer. Die Zeit zwischen dem Aufplatschen der Tropfen dehnt sich und streckt sich. So vertropfen die Sekunden. Sie füllen die Minuten und die Stunden, so wie die Wassertropfen den Wassereimer – – –
Schön langsam werden die Ferkel rosarot. Jetzt sehen sie aus wie richtige kleine Glücksschweinchen. Alle drängen zu den Zitzen der Muttersau und trinken die erste Saumilch in ihrem Leben. Manche tun sich recht hart. Für die ist das Stallstroh wie ein Gebirge. Es dauert ewig, bis sie die Zitzen gefunden haben. Und das Mutterschwein hilft ihnen kein bißchen dabei.
«Die ist noch ganz schön dick. Wie viele werden denn noch drin sein?» will der Franzi wissen.
«Keine Ahnung», meint der Hansi.

Elf werden es noch an diesem Tag – miteinander fünfzehn Junge! Die Buben können es nicht glauben.
Eines ist so dumm unter das Mutterschwein gerutscht, daß es von ihm erdrückt worden ist. Daran kann auch die Mamma nichts mehr ändern.
«Eigentlich ganz gut, daß nicht mehr gekommen sind», sagt der Hansi zum Franzi, «weil die Sau nur vierzehn Zitzen hat.»

«Und wenn's mehr wären?»
«Die könnten nicht überleben, die müßte der Pappa gleich umbringen.»
Bei den ersten Schweinchen hat der Franzi noch Namen gesucht. Aber bald konnte er sie nicht mehr auseinanderhalten und hat es aufgegeben. So bleiben sie wieder namenlos.
Plötzlich grunzt die Muttersau aufgeregt.
«Kriegt sie denn noch ein Ferkel?»
Ein blutiger, schwammiger Batzen kommt aus ihrem Bauch heraus.
«Fehlt ihr was? Ist sie jetzt krank?»
«Dazu sagt man Nachgeburt», erklärt ihnen die Mamma.
«Die Jungen hängen da dran und kriegen alles an Nahrung was sie brauchen, solange sie im Bauch von der Muttersau sind.»
Na ja – die Buben verdrehen die Augen. So was Ähnliches haben sie doch schon mal in der Schule gehört.

Es tut gut, die riesige Sau so daliegen zu sehen mit den trinkenden Ferkeln an ihren Zitzen: eine Mutter mit ihren Kindern. Ab und zu grunzt sie sie ungeduldig an, aber im großen und ganzen ist sie jetzt ruhig und zufrieden. Das sind die schönsten Augenblicke auf einem Bauernhof.
Als es dunkel wird, kommt der Pappa und meint: «Ich glaube, jetzt ist Schluß. Verzieht euch! Und danke fürs Mithelfen!»

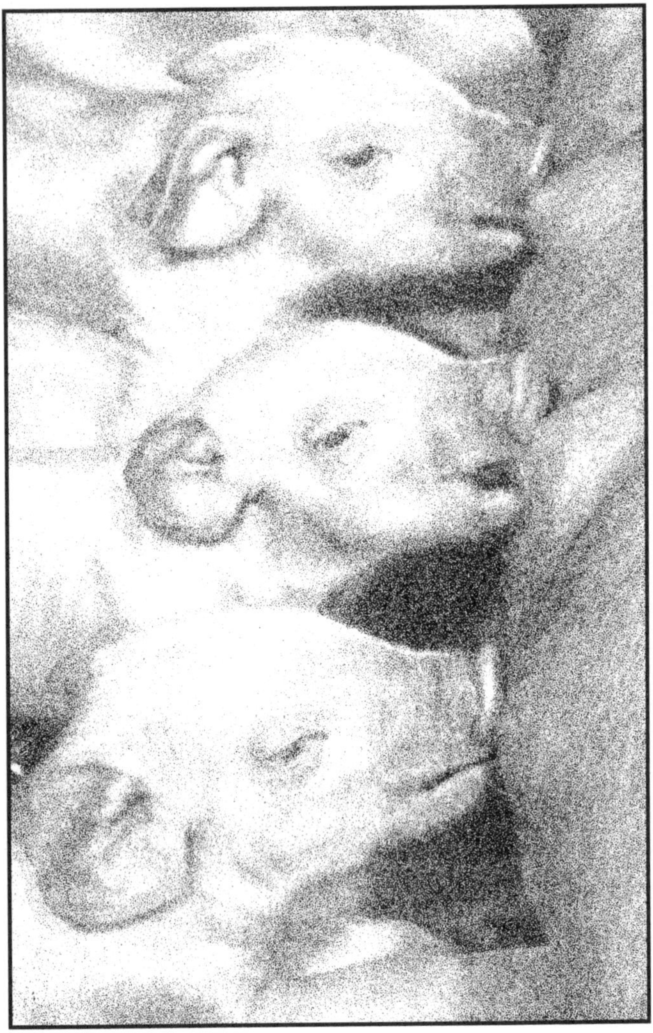

Er gibt den beiden noch ein stattliches Taschengeld. Da freuen sie sich natürlich.
Es ist ja schließlich ein anstrengender Nachmittag für sie gewesen.

Zwei Indianer
auf dem Bauernhof

Der Hansi kann grunzen wie eine Muttersau.
Der Hansi kann gackern wie eine Henne.
Der Hansi kann muhen wie eine Kuh.
Der Hansi kann fast alle Tiere nachmachen, sagt er. Und das kann schon sein, denn der Hansi wohnt ja auf einem Bauernhof und hat jeden Tag mit Tieren zu tun.
Die Karin kann ein Auto nachmachen, einen Lastwagen, ein Motorrad, einen Motorroller, ein Moped…
Wenn die Karin die Augen schließt, und ein Auto kommt vorbei, dann kann sie sagen, was das für eine Automarke ist: *Mercedes Diesel, Audi, Mazda, Opel Astra* – die erkennt jedes Auto nur vom Motorgeräusch her, sagt sie. Und das kann schon sein, weil die Karin in der Stadt wohnt, direkt neben einer Tankstelle. Die hat jeden Tag mit Autos zu tun.
Die Karin ist die Cousine vom Hansi.
Die beiden verstehen sich sagenhaft gut, *super,* einfach *super,* meint der Hansi.
Super, einfach *super,* meint die Karin.
Super, das ist nämlich ihr neues Lieblingswort.
In den Sommerferien besucht die Karin den Hansi auf dem Bauernhof und versucht ihm beizubringen, wie man Autogeräusche am besten nachmacht. So gut wie sie

schafft er es leider nicht. Wenn der Hansi ein Auto nachmacht, dann hört er sich an wie eine kranke Henne.
Dafür klappt's bei der Karin einfach nicht mit dem Gakkern. Wenn die eine Henne nachmacht, dann hört sich das an wie eine kaputte Bohrmaschine.
So hocken sie auf der granitenen Schwelle vor der Haustür, spielen Muttersau oder Lastwagenbremsen und schneiden dabei Grimassen, daß einem angst werden könnte. Wenn der Pappa oder die Mamma vorbeikommen, dann schütteln die nur den Kopf und sagen: «Jetzt hat sie's wieder erwischt, jetzt spinnen sie wieder, die beiden!»
Ganz klar, daß die Karin und der Hansi nicht den ganzen Tag herumsitzen und Grimassen schneiden. Vor den beiden ist nichts sicher...
Wenn es ganz still ist auf dem Gruber-Hof, dann kratzt sich der Pappa am Kopf und sagt: «Oh, oh, was werden sie jetzt bloß wieder anstellen?»
Logisch, manchmal streiten sie sich auch, die Karin und der Hansi. Meistens liegt das daran, daß der Hansi sogar in den Ferien zwischendurch mithelfen muß bei der Arbeit auf dem Gruber-Hof!
Der Karin tragen sie nie etwas auf, die hilft nur mit, wenn sie Lust dazu hat. Sie ist ja der Besuch, der Urlaubsgast, das Fräulein Urlauberin! Die darf sich im Liegestuhl rekeln und lesen. Ab und zu seilt sie sich ab und fetzt zum Bach hinunter, klettert auf Bäume, baut Geheimlager und weiß der Teufel was noch alles.

Kein Wunder, daß der Hansi manchmal ganz schön sauer ist. Der könnte sich auch was Schöneres vorstellen als die Bauernarbeit – Gras zusammenrechen, Erdäpfel klauben und Schweine füttern. Gott sei Dank sind die Eltern nicht besonders streng. Wenn die Karin da ist, lassen sie ihn schon mal in Ruh und machen die Arbeit allein.
Und Gott sei Dank arbeitet die Karin meistens von selbst recht gern mit, damit der Hansi schneller fertig ist und damit sie mehr Zeit zum Spielen haben.
Dieses Jahr spielen sie während der ganzen Sommerferien *Indianer*. Im Obstgarten unter dem großen Birnbaum bauen sie sich ein Indianerzelt. Dazu nehmen sie eines von den Holzgestellen, auf denen der Pappa sonst immer das Heu zum Trocknen aufstellt. Darüber legen sie alte Decken und Kartoffelsäcke. Doch die reichen nicht, darum gibt ihnen der Pappa die alten Roßdecken vom Opa. Der hat ja früher Pferde am Hof gehalten.
«Hey, super! Dicke warme Decken sind das – wie bei einem echten Indianerwigwam», sagt die Karin.
«Genauso müssen die Indianer gewohnt haben, super!» meint der Hansi.
Aber er wäre eigentlich lieber ein Cowboy gewesen. Bloß, die Karin hat eine Menge Bücher dabei aus der Stadtbücherei, da steht so viel drin über Indianer, daß der Hansi die Cowboys glatt vergißt.
Die Karin weiß so viel über Indianer, die weiß sogar, was Indianer gern essen und trinken, die weiß, wie Indianer sprechen, wie sie singen, wie sie kämpfen…

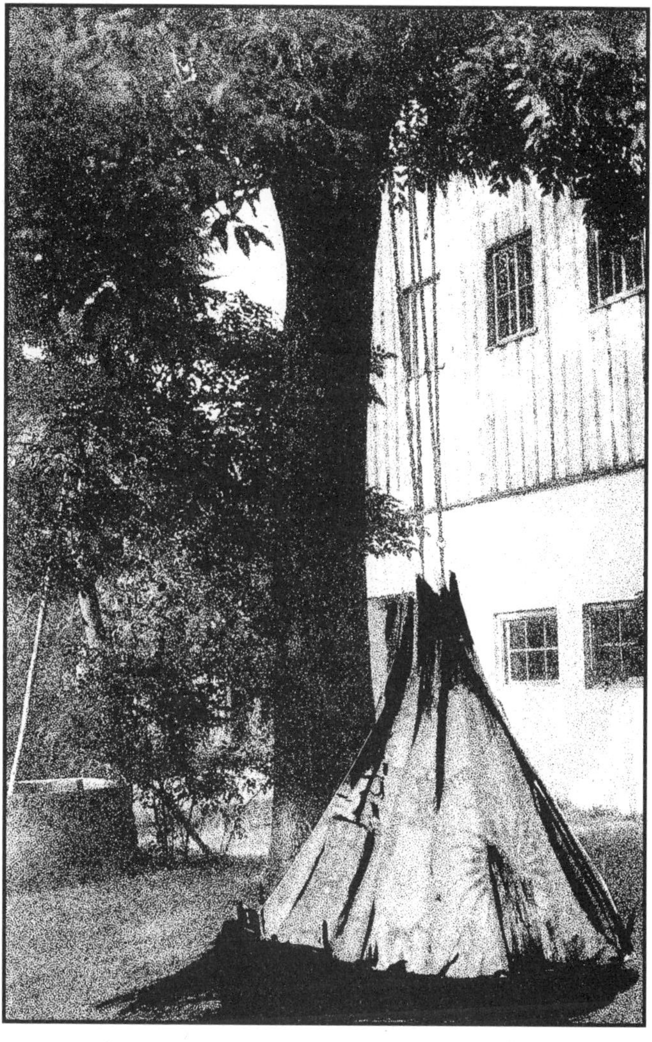

Und was sagt der Hansi?
Natürlich: «Super, einfach super!»
Und sie reden über nichts anderes, nur noch über Indianer, Indianer und noch einmal über Indianer.
«Indianer sind gelassen, die haben unendlich viel Zeit, die haben die Ruhe weg!»
«Indianer haben geheimnisvolle Träume, die erzählen sie als Geschichten!»
So viel reden sie über Indianer, bis sie schon selbst glauben, daß sie Indianer sind.

Die Karin sucht sich im Hühnerstall ein paar schöne Federn, die bindet sie sich mit einem Stoffband um den Kopf fest.
Und was sagt der Hansi dazu?
Logisch: «Super, einfach super!»
Natürlich muß er auch in den Hühnerstall und nach Federn suchen. Die Karin hat aber schon alle aufgehoben.
Was nun – ?
Er schleicht in den Hühnerstall und schreit plötzlich, so laut er kann: «Hey, hey, hey, hey!»
Er brüllt und plärrt so laut, daß die Hühner fast der Schlag trifft.
«Ga-gack-gack-gack, ga-gagagack! Ga-gack-ga-gaga-gack!»
Sie fliegen auf, rennen in panischer Angst im Zickzack durch den Stall hinaus ins Freie. Dabei verlieren sie die Federn, die sowieso schon locker sind. Der Hansi sam-

melt sie ein. Die Karin bindet ihm auch ein Band um die Stirn. Und er steckt sich die Federn an den Kopf.
«Na, wie schau ich aus?»
Ganz klar: «Super! Hey, super!»
Dann hat der Hansi die Idee mit der Kriegsbemalung. Sie schleichen ins Wohnzimmer, machen das Ofentürchen vom Kachelofen auf und wischen sich den fetten, schwarzen Ruß auf die flache Hand.
Draußen vor der Werkstatt nehmen sie die Fensterscheibe als Spiegel her und reiben und tupfen sich eine ganz gruselige Kriegsbemalung ins Gesicht.
«Na – wie schau ich aus?» fragt die Karin.
Und was sagt der Hansi?
Selbstverständlich: «Super! Hey, super!»
«Jetzt brauchen wir Namen, Indianernamen», überlegt die Karin.
Dem Hansi fällt sofort was ein: «Schwarzer Adler! Ich heiße Schwarzer Adler, weil ich schwarze Federn auf dem Kopf hab und ein schwarzes Gesicht!»
Die Karin überlegt.
«Und ich?»
«Weiße Henne!» flachst der Hansi.
«Du spinnst!» regt sich die Karin auf. «Du spinnst total! So ein Krampf!»
Und dann fällt ihr ein wunderschöner Name ein.
«Weiße Wolke! Weiße Wolke heiß ich!» ruft sie.
Und was sagt der Hansi?
«Hey, super!»

Natürlich: «Super!»
Doch dann gibt er an, was der Adler für ein toller Vogel ist.
«Du, der fliegt höher, als der Münchner Fernsehturm hoch ist! Der hat so scharfe Augen, der kann von ganz oben die Ameisen spazierengehen sehen! Der hat einen scharfen, krummen Schnabel und starke Krallen, der kann dich packen!»
«Weißt du eigentlich, wie hoch eine Wolke fliegen kann?» fragt ihn die Karin mit einemmal verschmitzt.
Na ja – das muß er schon zugeben, daß eine Wolke eigentlich höher fliegt als ein Adler. Die Karin hat sich schon etwas dabei gedacht, als sie sich den Namen hat einfallen lassen.
«Gegen eine Wolke kannst du lange kämpfen – gewinnen wirst du gegen sie nie! Nie im Leben! Wenn du ihr einen Pfeil reinschießt, dann spuckt sie ihn einfach wieder aus. Wenn du sie packen willst, greifst du ins Leere! Die ist wie Nebel!»
Und was sagt der Hansi – diesmal freilich etwas kleinlaut? Logisch: «Super!»
Er will es ja nicht zugeben, aber er ärgert sich ein bißchen, daß nicht er die Idee mit der Wolke gehabt hat. Ach, was soll's – ein Adler braucht sich auch von niemandem etwas gefallen zu lassen! Nicht einmal vom Pappa...
Als nämlich der Vater schreit: «Hans, du, komm mal her, heut nachmittag brauch ich dich, heut mußt du mir helfen!», da verzieht der Schwarze Adler sein rußiges

Gesicht, schaut den Pappa ganz wild an und brummt: «Schwarzer Adler nix helfen! Schwarzer Adler großer Häuptling!»
Da kratzt sich der Pappa wieder einmal am Kopf und weiß nicht so recht, was er von seinem Hans halten soll.
«Also, daß du einen Vogel hast, das weiß ich schon lang, aber daß das gleich ein Adler sein muß, das hätte es nicht gebraucht!»
Der Hansi hört ihn nicht mehr, der ist schon über alle Berge. Und die Karin, die Weiße Wolke, hat sich auch schon verdünnisiert. Die Mamma und der Pappa kriegen die Kinder den ganzen Nachmittag nicht mehr zu sehen. Die beiden hocken in ihrem Wigwam und erzählen sich den Mund fransig vor lauter Indianergeschichten.
Und in den nächsten Tagen wird das auch nicht anders. Von morgens bis abends sind sie unterwegs. Wenn die Mamma oder der Pappa auftauchen, heißt es bloß: «Achtung, volle Deckung!»
Weiße Wolke und Schwarzer Adler müssen unsichtbar bleiben, sonst wird ihnen bloß wieder irgendeine Arbeit angehängt.
Am Nachmittag bastelten sie sich Pfeil und Bogen: den Bogen aus einem Haselnußstecken und die Pfeile aus trockenem Schilfrohr – das ist leicht und fliegt recht gut. An die Spitze stecken sie kleine Stücke aus Ästen vom Hollerbusch; dann sind die Pfeile vorne ein wenig schwerer, und man kann besser damit zielen.

Die Karin zielt auf die Spatzen droben auf dem Birnbaum: ohne Erfolg – fünf Meter daneben, zehn Meter, zwanzig Meter daneben.
Und weil sie die Spatzen nicht trifft, probiert sie es mit den Hühnern. Erstens sind die größer, und zweitens sind sie näher da, denkt sie und trifft mit dem ersten Schuß gleich den Gockel an den Schwanzfedern.
Jetzt kriegt sie es mit dem Hansi zu tun.
«Spinnst du! Glaubst du vielleicht, daß die Indianer ihre Hühner erschießen! Was meinst du, wo sie dann ihre Eier hernehmen sollen?»
«Die Indianer haben doch gar keine Hühner», grantelt die Karin, «das weiß doch jeder Depp!»
Das ist dem Hansi egal.
«Hühner sind Hühner und Indianer sind Indianer! Du Flasche, du schießt ja nur auf die Hühner, weil du die Spatzen nicht triffst!«
«Pah – da brauch ich dich nicht dazu», gibt die Karin an und zielt auf einen Spatzen hoch oben auf dem Hausdach. Der Hansi lacht sich einen Ast.

«Nichts getroffen,
Schnaps gesoffen,
Butter geleckt,
hat gut geschmeckt!

Bei dir müßten ja die Spatzen so groß sein wie ein Haus. Die triffst du im Leben nicht!«
Die Karin wird wütend. Sie baut sich vor dem Hansi auf und hält ihm die Faust unter die Nase.

«Willst du kämpfen oder wie oder was?»
Nein – kämpfen will der Hansi nicht mit der Karin. Er geht ein paar Schritte rückwärts. Er hat nämlich schon öfters mit ihr gekämpft. Sie ist zwar viel schmächtiger und kleiner als er, aber die hat unheimlich viel Kraft und weiß ganz raffinierte Tricks. Sie hat den Schwarzen Judogürtel, und den haben nur die Besten, sagt sie. Und das kann schon sein, sie ist nämlich in der Stadt bei einem Judoverein und hat jede Woche Training. Immer wenn der Hansi gegen sie antritt, liegt er eins, zwei, drei flach auf dem Boden. Darum versucht er, sie abzulenken.
«Nur langsam, wir gehören doch zusammen, Schwarzer Adler macht Weißer Wolke Friedensangebot! Du, Kaaarin, rauchen wir eine Friedenspfeife?»
Und was sagt die Karin da?
«Hey, super!»
Und schon rennen sie ins Wohnzimmer und holen aus dem Schreibtisch die Tabakspfeife vom Pappa.
Leider finden sie keinen Tabak. Die Karin hat gleich eine Idee.
«Indianer machen sich ihren Tabak selber. Die nehmen einfach getrocknetes Laub und ein bißchen Heu!»
Und was sagt der Hansi?
Ganz klar: «Hey, super!»
Heu und trockene Blätter gibt es genug auf dem Gruber-Hof. So ist die Pfeife schnell gestopft –
Die Karin raucht als erste. Sie steckt die Pfeife in den Mund, zündet ein Zündholz an, hält es über den Pfeifen-

kopf. Sie hat aber noch nie geraucht. Wie soll sie wissen, wie das überhaupt geht. Sie bläst hinein, so fest sie nur kann. Oh, oh! Das gibt eine Riesenstichflamme, die versengt ihr Augenbrauen und Haarspitzen.
Der Hansi schreit: «Ziehen, ziehen, ziehen!»
«Ach so. Ziehen.»
Wieder hält sie ein brennendes Zündholz über die Pfeife. Dann zieht sie, so fest sie kann. Jetzt sticht es bis in den Hals hinunter. Eine Zeitlang kann sie nur ganz leise reden. Und der Hansi macht sich noch lustig über sie.
«Hast wohl gebrannte Mandeln jetzt!»
Natürlich hat er gemerkt, daß das Pfeiferauchen gar nicht so gemütlich ist, wie es beim Pappa immer ausschaut. Deshalb tut er nur so, als würde er rauchen. Er zieht etwas Rauch in den Mund, hustet, spuckt und bläst ihn gleich wieder raus.
«Gilt schon», sagt er. «Gilt schon!»
Danach machen sie aus, daß die Karin von nun an der Häuptling sein soll und der Hansi der Medizinmann – immerhin der Zweithöchste im Stamm!
«Indianer haben Übersicht und Hirn! Die schießen doch nicht einfach alles, was sich bewegt, über den Haufen, die sind doch nicht blöd – nur wenn sie wirklich Fleisch brauchen, verstehst du!»
Der Hansi redet schon daher wie ein echter Medizinmann. Logisch, die Karin versteht ihn schon, ist ihr sowieso lieber, wenn sie nicht auf Vögel schießen muß. Sie trifft sie ja sowieso nicht…

Als ihnen das Indianerspielen schon fast langweilig wird, hat die Karin eine neue Idee.
«Du-huu, Schwarzer Adler!»
«Ja?»
«Ich hab eine Idee!»
«Und?»
«Die gefällt dir bestimmt auch!»
«Ja – red halt schon!»
«Wie wär denn das, wenn wir heute nacht im Zelt schlafen würden?»
Und was sagt der Hansi?
«Hey, super!» Klar: «Super!»
«Indianer schlafen ja nicht im Federbett», erklärt die Karin neunmalklug.
«Logisch, weil sie die Federn für den Kopfschmuck brauchen», blödelt der Hansi.
Sofort beginnen sie den Wigwam zum Schlafen herzurichten. Auf den Boden streuen sie kniehoch Stroh. Darauf legen sie Erdäpfelsäcke, damit ihnen der Boden nachts nicht zu feucht und zu kalt wird. Die Karin meint, daß eine Luftmatratze auch nicht schlecht wäre. Der Hansi ist dagegen.
«Indianer haben keine Bettfedern und keine Luftmatratzen – wenn schon, dann richtig!»
Den ganzen restlichen Tag haben sie damit zu tun, das Zelt für die Nacht vorzubereiten. Als sie fast fertig sind, fällt dem Hansi ein, daß sie noch gar nichts zu essen im Wigwam haben.

«Die ganze Nacht ohne Essen – das halten wir nicht aus!»
«Wieso, ißt du sonst die ganze Nacht?»
«Normal nicht, aber als Indianer vielleicht doch!»
«Ah ja!»
Das versteht die Karin natürlich.
Drum tragen sie jetzt alles Eßbare zusammen, was sie finden: Äpfel, Birnen, ein paar Scheiben trockenes Brot, drei Knackwürste, eine Tafel Schokolade, ein Päckchen Gummibärchen, ein paar Haselnüsse, vier gelbe Rüben, ein Stück Geräuchertes, vier Flaschen Limo, weil verdursten wollen sie ja auch nicht, und eine Schachtel – iiih, Stinkekäse! – überreifen Camembert!
Tomaten hätten sie auch noch gehabt. Die hat aber der Hansi in die Hosentaschen gesteckt, und beim Rennen – pfleetsch, pflaatsch, pfleetsch: Tomatenketchup! Die Matsche drückt's ihm durch den Hosenstoff, und die Karin platzt fast vor Lachen.
Mit der Limo haben sie auch Pech! Da ist bloß noch die weiße im Keller. Normal trinken Indianer nichts anderes als die typische, echte, gelbe Indianerlimo. Aber zur Not tut's auch eine weiße Bleichgesichter-Limo.
Schließlich rückt der Abend näher...
Der Hansi ist sich auf einmal gar nicht mehr so sicher, ob sie draußen übernachten dürfen.
«Hoffentlich erlaubt es mein Pappa überhaupt!»
«Fragen wir doch einfach!» meint die Karin und rennt voraus ins Haus.

«Tante Maria!»
«Mamma!»
Die Mamma dreht sich um und kippt fast aus den Latschen.
«Um Gottes willen, ihr seid wohl verrrückt, wie schaut denn ihr aus!»
Schlimm schauen sie aus! Zum Fürchten! Heute haben sie nämlich eine besondere Idee für die Kriegsbemalung gehabt: Auf die Rußgrundierung haben sie mit weißer Hautcreme Punkte getupft.
«Was ist denn das», grantelt der Pappa, «die ganze Türklinke ist verschmiert, Hautcreme oder – ?»
Da sieht er die Karin und den Hansi und kriegt Augen wie ein Frosch, der nach einer Reise durch die Wüste Sahara einen Weiher sieht – – –
So wird da nie was draus, überlegt der Hansi, irgendwie müssen wir es schaffen, daß die besser aufgelegt sind. Er zupft die Karin am Ärmel.
«Du-huuu, Kaaa-rin, wir müssen uns waschen, sonst erlauben sie das nie!»
Draußen im Bad versuchen sie sich gegenseitig die Schmiere aus den Gesichtern zu waschen. Wasser und Seife reichen nicht aus. Das Schwarze und das Weiße vermischen sich zu einem wunderbaren Grau, das reiben sie sich aus den Gesichtern in die Haare. Und zum Abendessen erscheinen zwei kleine alte Leute mit grauen Haaren.
«Du mußt doch am besten wissen, wie wir deine Eltern

rumkriegen können», meint die Karin und schiebt den Hansi voraus auf die Eckbank, «das sind doch *deine* Eltern und nicht meine!»
Der Hansi denkt nach. Der Pappa und die Mamma schimpfen nicht mehr. Der Hansi überlegt und überlegt sich sein Hirn heiß im Hirnkastel. Er strengt sich so an, daß ihm die Adern an der Schläfe anschwellen. Dabei stiert er die ganze Zeit das Brotkörbchen an.
Der Pappa fragt: «Geht's dir nicht gut?»
Der Hansi antwortet: «Nein, ich überlege!»
«Na ja, dann überleg nur!»
Da fällt ihm ein, daß ihm sein Pappa schon oft erzählt hat, was er als Kind alles angestellt hat.
«Du-huu, Pappa!»
«Ja, was ist denn?»
«Du hast doch früher allerhand angestellt als Kind, oder?» fragt der Hansi seinen Pappa scheinheilig. Dabei weiß er genau, daß sein Vater jetzt anfängt zu erzählen und nicht mehr so schnell aufhört...
«Oh, oh», sagt der Pappa, «da kannst du recht haben!»
Und er erzählt Geschichten, in denen es um Leben und Tod geht –
«Einmal, da bin ich mit dem Radl den Kirchberg runtergeflitzt, kommt aus der Ausfahrt bei der Baywa, beim Lagerhaus, ein mordstrumm Lastwagen heraus. Der steht quer über der Straße von einem Haus zum anderen. Ich brems mit der Vorderbremse – haut's mir die Bremsklötze davon! Ich brems mit der Rücktrittbremse – reißt

die Kette ab! Mit einem Affentempo fetz ich weiter auf den Lastwagen zu... Gott sei Dank war beim Schober das Hoftor offen – ich dreh den Lenker nach links, huiii – beim Schober sitzen sie grad auf der Terrasse und essen: Erdbeerkuchen mit Sahne! Das Radl ist oben an der Dachrinne gehangen. Und ich bin bei der Frau Schober auf dem Schoß gesessen!»
Und am Schluß einer solchen Geschichte sagt er jedesmal: «Da hätt ich hin sein können!»
Die Karin und der Hansi zwinkern sich zu und sagen: «Super! Hey, super!»
Der Pappa kommt so richtig in Fahrt. Und genau das ist es, was der Hansi will.
«Bin ich einmal im Kino gewesen und hab mir einen Film angeschaut über Fallschirmspringer. Mensch, die sind vielleicht runtergesprungen – das hat mir gefallen! Komm ich heim, nehm den schwarzen großen Regenschirm von meinem Vater, klettere mit der Leiter auf unseren großen Birnbaum draußen – und huiii: Hab ich mir beide Knöchel gebrochen!»
Und was sagt der Pappa am Schluß wieder?
Logisch: «Da hätt ich hin sein können!»
Und was sagen die Karin und der Hansi?
«Hey, super!» Logisch: «Super!»
Dem Pappa tut das natürlich gut, wenn ihn die Kinder so bewundern und wenn er ein bißchen angeben kann. Und er erzählt weiter:
«Hat der Wirt einen neuen Stadel gebaut, bin ich mit den

anderen Kindern im Dorf aufs Dach, da haben wir ein Zielspringen veranstaltet: von ganz hoch oben runter in den Sandhaufen – huiii und huiii und huiii! Und ich land mitten in der Mörtelkiste!»
Und was kommt jetzt?
Klar: «Da hätt ich hin sein können!»
Und was sagen die Karin und der Hansi?
«Hey, super!»
Da sieht der Hansi, daß der Pappa kein Bier mehr hat.
«Du, Pappa, soll ich dir ein Bier holen im Keller?»
Jetzt schöpft der Vater Verdacht.
«Ihr wollt doch was, oder habt ihr etwas ausgefressen? Du machst doch sonst nie was freiwillig!»
Jetzt kann sich der Hansi nicht mehr bremsen: «Ja, weißt du schon, daß wir heute nacht draußen im Zelt schlafen, gell, Karin, unterm Birnbaum im Wigwam!»
«Was? – Wigwam?»
Dem Pappa geht ein Licht auf.
«Na, also ich weiß nicht...», sagt die Mamma und fängt mit dem Tischabräumen an.
«Ich muß den Bulldog in die Garage fahren», sagt der Pappa, steht auf und geht einfach hinaus.
Der Hansi und die Karin fetzen hinterher. Auf dem Hof holen sie ihn ein.
«Da ist doch nichts dabei, Onkel, schau, du hast so viel angestellt, wie du noch ein Bub gewesen bist, und uns erlaubst du gar nichts!» winselt die Karin.
«Du bist gemein, Pappa, komm, sag ja, den ganzen

Nachmittag haben wir das Zelt für die Nacht hergerichtet», jammert der Hansi.
Der Pappa bleibt stehen, kratzt sich am Kopf und will etwas sagen – aber er kommt gar nicht dazu, denn der Hansi plärrt auf einmal: «Oh, danke, Pappa!»
Und was schreit die Karin?
Natürlich: «Super! Hey, super!»
Und schon rennen sie miteinander wie die Verrückten ins Haus zurück.
«Du, Mamma, der Pappa hat's erlaubt, der hat's erlaubt, gell, du erlaubst es auch!»
«Was hat der –? Ehrlich?»
Die Karin und der Hansi werden nicht ein bißchen rot und sagen beide gleichzeitig: «Ja, ehrlich!»
«Na ja – wenn's der Pappa erlaubt hat, von mir aus, dann erlaub ich's auch.»
Aber da kommt der Pappa zurück und meint verdattert: «Also, ich wollte –!»
«Du, Pappa, die Mamma hat's erlaubt, die Mamma hat's erlaubt!»
«Was, hat die –? Ehrlich?»
«Ja, ehrlich!»
«Na ja, dann erlaub ich's halt auch!»
Der Trick ist gut gelungen. Indianer müssen eben manchmal listig sein.
Aber der Pappa gibt nicht auf.
«Habt ihr den Leo schon gesehen heut, unseren schwarzen Kater?»

«Was ist mit dem?» will der Hansi wissen.
«Der hat eine tiefe, blutende Wunde am Kopf! Dem hängt das halbe Ohrwaschel weg!»
«Wir waren das nicht!» sagt die Karin gleich.
«Das weiß ich schon, der hat's wieder einmal mit einer Ratte aufgenommen!»
Die Karin wird kreidebleich wie ein Bleichgesicht.
«Mit einer Ratte?»
Der Pappa deutet mit den Händen eine Riesen-Monster-Ratte von einem halben Meter Länge an und sagt: «Jaja, da unten am Bach gibt's sooolche Apparate!»
Die Karin sieht in ihrer Einbildung die Ratte schon auf sich zu krabbeln und bekommt butterweiche Knie. Und die Mamma hilft dem Pappa noch.
«Jaja, die Ratzen kommen in der Nacht öfters vom Bach herauf und suchen sich etwas zu fressen, genau dort unterm Birnbaum, wo euer Wigwam steht, buah, da möchte ich nicht draußen liegen in der Nacht!»
Und der Pappa setzt noch eins drauf.
«Im Krieg haben die Ratten sogar kleine Kinder angeknabbert!»
Doch der Hansi fürchtet sich vor Ratten überhaupt nicht.
«Na und, zum Glück sind wir keine kleinen Kinder, denen hauen wir einfach einen Knüppel drüber, gell, Karin!»
«Jaja», sagt die Karin leise, und man sieht ihr an, daß sie sich nicht besonders wohl fühlt in ihrer Haut.

Menschenskinder – die wird doch jetzt nicht umfallen, denkt sich der Hansi, dann war alles umsonst!
Und als der Pappa spürt, daß das mit den Ratten nicht genügt, läßt er sich sofort wieder etwas Neues einfallen –
«Von mir aus könnt ihr schon draußen schlafen, bitte, von mir aus – aber: Habt ihr heute schon Zeitung gelesen? Einbrecher sind wieder in der Gegend! In der Neubausiedlung draußen haben sie vorgestern alle Gartenhäuschen aufgebrochen.»
Und die Mamma fügt hastig hinzu: «Ins Haus kommen sie ja nicht herein – aber da draußen, ich weiß ja nicht –!»
Jetzt ist der Hansi einen Moment lang still und schluckt. Aber vor Einbrechern hat nun die Karin überhaupt keine Angst.
«Sollen sie doch kommen, die Einbrecher, denen schießen wir einfach einen Pfeil in den Hintern, was sagst du, Hansi!»
«Jaja», sagt der Hansi zaghaft und stellt sich zehn bis zwölf Einbrecher mit Messern und Pistolen vor.
Doch die Karin legt ihren Arm um seine Schultern und meint: «Komm, wir gehen in unseren Wigwam!»
Und schon machen sich die beiden aus dem Staub.
Der Pappa schreit ihnen noch nach: «Aber Vorsicht, wenn in der Nacht der Krawuggerl kommt! Wenn euch der packt –!»
Der Hansi plärrt bloß zurück: «Paß lieber auf, daß er dich nicht packt!»

Draußen werden die Karin und der Hansi wieder Weiße Wolke und Schwarzer Adler. Sie machen sich gegenseitig Mut.

«Pah, wenn ein Einbrecher kommt oder eine Ratte. Da schau her, mit dem Prügel haue ich ihm eine drauf», gibt die Karin an.

«Und der Krawuggerl, soll er doch kommen, mit dem werden wir ganz babyleicht fertig», prahlt der Hansi, «dem hauen wir eine drüber, daß es nur so kracht!»

«Und ich blend ihn mit der Taschenlampe!»

«Genau, dann hat er den Dreck im Schachterl!»

«Und dann brenn ich ihm mit der Schleuder eine drüber!»

«Und ich werf ihm den Kälberstrick um die Füße, daß es ihn hinhaut!»

«Und ich knall ihm eine grüne Birne an den Kopf!»

Während sie so dahinreden, vergeht ihnen schön langsam die Angst. Im Zelt drinnen herrscht das Chaos. Eine Rumpelkammer ist ein Dreck dagegen: Indianer-Schlafzimmer, Indianer-Speisekammer, Indianer-Waffenlager. Alles liegt drin wie Kraut und Rüben. Der Pappa und die Mamma haben sich anscheinend damit abgefunden, daß die zwei Kinder heute draußen bleiben. Die Mamma bringt ihnen sogar noch zwei warme Wolldecken, damit sie nicht frieren in der Nacht.

Langsam wird es dunkel. Die Karin und der Hansi verkriechen sich im Wigwam.
Und dann hören sie, wie der Pappa die Haustür zusperrt. Das macht er jeden Abend. Durch den Zeltschlitz sehen sie, wie im Haus drüben die Lichter ausgehen...
Jetzt ist alles still.
Mucksmäuschenstill.
Direkt unheimlich.
Aber als sie in die Finsternis hineinstarren und die Ohren spitzen, vernehmen sie die verschiedensten Geräusche.
Die Karin hört mit einemmal Einbrecher, die bauen einen unterirdischen Gang zum Wigwam her. Der Hansi lacht sie aus.
«Krampf – das sind doch die Frösche, die werkeln unten am Bach auf Teufel komm raus!»
In der großen Linde hinter dem Hof schreit wieder und wieder ein Nachtvogel: «Huuu-huhu!»
Die Karin und der Hansi sind nun echte Indianer. Über ihren Köpfen nur die Zeltdecke und darüber nur der Himmel, der Mond und die Sterne.
«Da ist was! Schau! Geister!» wispert die Karin.
Der Hansi spitzt durch den Schlitz vom Zeltdach. «Sind doch bloß die Haselnußsträucher!»
In der Dunkelheit bekommen alle Dinge ein unheimliches Gesicht: Der Holzstoß gleicht einem riesengroßen Hund, der Gartenzaun wird zur Riesenschlange, die Kartoffelkörbe liegen drüben an der Hauswand auf der Lauer wie ein Rudel Wölfe.

Damit die Angst vergeht, grunzt der Hansi wie eine Muttersau und gackert wie eine Henne. Die Karin versucht es auch, aber das hört sich an wie ein kaputtes Moped. Besser bringt sie's halt nicht zusammen.
Der Schwarze Adler erzählt die Geistergeschichte vom Mann ohne Kopf. Der ist Moped gefahren, und den Kopf hat er auf dem Gepäckträger gehabt.
«Ih – furchtbar», sagt die Karin und beißt von ihrer Knackwurst ab.
Die Weiße Wolke weiß auch eine Geistergeschichte: von den Friedhofsgespenstern! Die kommen in der Nacht aus ihren Gräbern und haben den Kopf unterm Arm – den nehmen sie dann beim Kegeln als Kegelkugel her.
«Uh – gruslig!» sagt der Hansi und beißt auch von seiner Knackwurst ab.
Schwarzer Adler will gerade die Geschichte vom Krawuggerl erzählen; da merkt er, daß die Karin schon schläft. Er dreht sich um und schläft auch. Tief und fest schlafen die beiden. Schön warm haben sie's in ihrem Wigwam – – –
Mitten in der Nacht schreckt der Hansi auf.
Da war doch was!
Er robbt zum Zeltausgang, schiebt die Decke beiseite, und tatsächlich, er traut seinen Augen kaum: Beim Birnbaum steht eine riesige schwarze Gestalt!
Der Hansi beginnt zu zittern. Er rüttelt die Karin zuerst sanft und dann immer heftiger an der Schulter. Leise redet er auf sie ein: «Du-huu! Karin, da ist einer draußen!»

Aber die Karin ist knatschig.
«Hör doch auf! Laß mich in Ruh! Mitten in der Nacht weckst du mich auf!»
«Kaaarin – da ist einer draußen!» flüstert der Hansi noch einmal.
Sie glaubt es ihm nicht.
«Laß mich jetzt in Ruh!» sagt sie schläfrig und zieht die Decke über den Kopf.
Der Hansi aber rüttelt sie, so fest er kann.
«Schau doch raus – da ist einer!»
Endlich kriecht sie auch zum Ausgang, steckt den Kopf durch die Öffnung und erschrickt genauso wie vorher der Hansi.
«Tatsächlich – da ist einer!»
«Der schleicht zum Zelt her!»
«Der fingert oben an der Schnur herum!»
Sie beginnen zu bibbern und rücken in der Mitte vom Wigwam ganz, ganz nah zusammen. Der Hansi reicht der Karin einen dicken Prügel und nimmt selber zwei harte grüne Birnen zum Werfen.
«Ein Verbrecher vielleicht, ein Mörder oder eine Riesen-Ratte!»
«Ja! – Oder der Krawuggerl!»
Die Karin und der Hansi wagen kaum zu atmen. Der Hansi nimmt noch zusätzlich eine große, harte, grüne Birne in die andere Hand.
Sie warten ab – – –
Durch die Zeltplane zeichnet sich eine große Gestalt ab.

Der Kerl hat Mühe mit dem Knoten droben an der Zeltschnur, der bringt ihn nicht auf, so sehr er sich auch anstrengt. Die Karin steht vorsichtig auf, zielt, und dann drischt sie mit dem Knüppel so fest sie kann, genau auf die Stelle, wo sie den Kopf vermutet, und schreit: «Da! Wer ist denn das!»
Draußen brüllt einer ganz laut: «Auuu!»
Schwarzer Adler und Weiße Wolke springen aus dem Zelt. Da sehen sie den Kerl gerade noch zum Gartenzaun rennen. Die Karin wirft ihm einen Prügel nach und der Hansi eine grüne Birne, aber sie treffen alle beide nicht.
«Der Misthund, dem haben wir es gezeigt», sagt der Hansi. Und die Karin gibt ihm recht: «*Denen* haben wir's gezeigt, *die* kommen nicht mehr!»
«Fünf haben sich hinter der Bulldoggarage versteckt!»
«Und drei hinter den Haselnußbüschen!»
«Und einer im Garten, im Krautbeet!»
«Den einen, der sich hergetraut hat, den haben wir ganz schön aufgemischt, den hat's zehnmal überschlagen, dann hat's ihn in den Bach gehaut! Wenn die noch einmal auftauchen, dann kriegen sie wieder so eine Abreibung!» meint die Karin.
Aber lieber wäre es ihr trotzdem, wenn niemand mehr kommen würde. So ganz sicher sind sie sich ja nicht. Darum machen sie aus, daß abwechselnd einer wach bleibt und das Zelt bewacht und der andere schläft.
Aber am Anfang können alle zwei nicht einschlafen und erzählen sich lauter Geschichten, in denen starke Helden

vorkommen. Und die Helden sind natürlich immer sie beide. Doch dann schlafen auf einmal beide tief und fest. Kein Mensch hält Wache. Kein Mensch überfällt das Zelt, Gott sei Dank. Jetzt könnte einer das Zelt wegtragen, und die beiden würden es nicht bemerken.
In der Früh wachen sie nicht einmal auf, als der Gockel beharrlich ein ums andere Mal lauter kräht. Nicht einmal, als der Pappa frühmorgens in die Stadt muß und mit dem Auto ganz nah am Zelt vorbeifährt, hören sie es. Erst gegen Mittag, als die Mamma ins Zelt hineinschaut und ruft: «Ja, he, Indianer, ihr Langschläfer, aufstehen, gibt ja bald Mittagessen!», da werden sie wach und kriechen langsam aus dem Decken- und Erdäpfelsackverhau und reiben sich die Augen. Beim Frühstück erzählen sie der Mamma, was in der Nacht passiert ist: Zehn waren hinter der Bulldoggarage, fünf hinter den Haselnußbüschen, drei im Krautbeet, einer hat sich hergetraut, den haben wir vermöbelt, den hat's zwanzigmal überschlagen, dann hat's ihn in den Bach gehaut!»
Oh, oh, der Hansi gibt vielleicht an: «Wenn die noch zehn dabeigehabt hätten, die hätten wir alle in die Flucht geschlagen, stimmt's, Karin!»
«Logisch!»
Da kommt der Pappa heim. Er hat heute einen Hut auf. Neugierig fragt er: «Na, wie war's denn heut nacht?»
Und was sagt der Hansi?
Natürlich: «Hey, super! Einfach super, Pappa!»
Und was sagt die Karin?

Klar: «Super! Einfach super, Onkel Karl!»
Und dann erzählen sie ihm die ganze Räubergeschichte noch einmal: Fünfzehn waren hinter der Bulldoggarage, acht hinter den Haselnußbüschen, fünf im Krautbeet, einer hat sich hergetraut, den haben wir vermöbelt, den hat's dreißigmal überschlagen, dann ist er im Bach gelandet...
«Seid bloß froh, daß euch der Krawuggerl nicht erwischt hat», sagt der Pappa, setzt sich aufs Kanapee und zieht seinen Hut tief ins Gesicht.
Und die Karin und der Hansi zählen auf, was sie mit dem Krawuggerl alles angestellt hätten – sie reden und reden und haben keine Ahnung, was der Pappa für eine Beule unter seinem Hut hat: eine Beule, fast so groß wie das Blaulicht von einem Funkstreifenwagen.

Die Billig-Reise
zum Oktoberfest

Seit der Pappa in der Autofabrik arbeitet, hat er mehr Zeit als früher, als er noch ein ganzer Bauer gewesen ist. Freilich, damals war er immer zu Hause, aber da hat es nichts als Arbeit gegeben: Futter mähen für die Kühe, Heumachen, Ackern, Säen, Mähdreschen…

Jetzt hat er mittendrin fünf Tage frei und – kann auch mal in aller Ruhe Zeitung lesen.

Wenn der Pappa die Zeitung aus dem Briefkasten holt, schmeißt er meistens die Prospekte, die drin liegen, gleich in die Altpapierschachtel.

Heute ist es anders. Er hätte zwar beinahe wieder die ganze Werbung weggeschmissen. Aber da fällt ein kleiner roter Zettel aus dem Packen. Den hebt er auf und schaut ihn mit großem Interesse an. Die Mamma und der Hansi sitzen schon beim Frühstück.

«Lies nicht alles raus!» feixt der Hansi.

«Was steht denn so Interessantes drin?» fragt die Mamma.

«Die fahren am Samstag mit dem Bus zum Oktoberfest!»

«Wer?»

«Irgend so ein Reisebüro!»

«Ja und?»

«*Das größte Volksfest der Welt*! Ganz billig!»
«Beim Oktoberfest bin ich sowieso noch nie gewesen!» plappert der Hansi dazwischen.
«Ich auch nicht», sagt die Mamma.
«Glaubst du etwa ich!» sagt der Pappa.
Also stehen sie am Samstag vormittag alle drei an der Bushaltestelle. Die Mamma ist schon ewig lang nicht mehr einen ganzen Tag fortgewesen. Sie ist furchtbar aufgeregt und fragt den Pappa hundertmal, ob das Klofenster zu ist, ob er die Haustür zugesperrt hat, ob er das Licht im Bad ausgemacht hat, ob er seinen Geldbeutel eingesteckt hat...
Der Pappa verdreht die Augen und stöhnt das eine um das andere Mal genervt: «Ijaaa! Ijaaa! – Ijaaa!»
Gott sei Dank kommt gerade der Bus. Die Mamma wäre nämlich am liebsten noch einmal nach Hause gerannt und hätte geschaut, ob die Herdplatte auch wirklich ausgeschaltet ist.
Der Bus ist schon halb voll. Stammtischbrüder, junge Burschen, ältere Männer, Frauen, alles durcheinander. Ein paarmal bleibt er noch stehen und sammelt weitere Fahrgäste ein. Drei Stunden dauert die Fahrt bis München. Drei Stunden lang geht es lustig zu – außer wenn der Busfahrer übers Mikrofon Witze erzählt.
«Der hat Witze, da schlafen dir ja die Füße ein!» meint die Mamma und gähnt. Der Pappa spielt einstweilen mit dem Hansi *Auto-Quartett*.
Endlich, gerade noch rechtzeitig, bevor es langweilig

wird, haben sie ihr Ziel erreicht. Vom Busparkplatz aus sehen sie schon das Gerüst der Achterbahn und das Riesenrad. Und Musik und Geschrei ist zu hören...
Der Hansi kann es gar nicht erwarten. Er treibt seine Eltern an.
«Komm, schnell, gehen wir!»
Aber der Pappa möchte als erstes eine Volksrede halten: «Also – ich sage euch eins – wir haben nicht im Lotto gewonnen, wir müssen uns unser Geld einteilen! Ich schlag vor, zuerst drehen wir zwei, drei Runden und schauen uns alles an, und dann gehen wir vielleicht ins Bierzelt. Schluß. Aus. Äpfel. Amen!»
«Ich möchte aber gerne in die Geisterbahn!» bittet der Hansi.
Und die Mamma meint: «Ich würde schon auch gerne mit dem Riesenrad fahren!»
«Logisch, das werden wir uns schon noch leisten können!» brummt der Pappa.
Und dann folgen sie den anderen Leuten zur Festwiese hinüber. Je näher sie hinkommen, desto mehr Leute werden es. Ab und zu rempelt sie einer an.
«'tschuldigung!» sagt einer zum Pappa.
«Ist schon recht!» meint der Pappa.
«Paß bloß auf deinen Geldbeutel auf», sagt die Mamma zu ihm, «wo so viele Leute sind, gibt es bestimmt auch Taschendiebe!»
«Ist schon recht!» sagt der Pappa, langt in die Hosentaschen, zuerst in die rechte, dann in die linke. Auf

einen Schlag bleibt er stehen, langt mit beiden Händen rechts und links in seine Jackentaschen, fährt in die Brusttaschen.
«Mein Geldbeutel ist weg!»
«Das gibt es doch nicht!» sagt die Mamma.
«Den muss mir schon einer geklaut haben!»
«Vielleicht ist er dir im Bus rausgefallen!»
Der Pappa und der Hans rennen zum Bus zurück. Gott sei Dank, der Busfahrer ist noch da. Sie schauen unter alle Sitze, sie suchen zwischen den Sitzen. Sie spähen sogar oben in die Gepäckablage, weil da der Pappa seine Jacke drinnen gehabt hat. Nichts. Die ganze Sucherei ist umsonst. Und beim Busfahrer hat auch keiner was abgegeben.
Endlich kommt die Mamma.
«Und?» fragt sie.
«Nichts!»
«Oje, oje, das hat uns gerade noch gefehlt! Ich habe ja nicht einmal meine Scheckkarte dabei, weil ich Angst gehabt habe, dass ich sie verliere oder dass sie mir gestohlen wird!»
«Und – was tun wir jetzt?» fragt der Hansi bekümmert.
«Zur Polizei müssen wir, anzeigen müssen wir ihn, diesen Banditen!»
Sie fragen sich zum nächsten Polizeirevier durch. Der Polizist schreibt ein Protokoll, aber Sinn hätte es nicht viel, meint er, und dass sie heute schon die fünften wären, denen etwas auf dem Festplatz gestohlen worden sei.

Dann stehen sie wieder draußen auf der Straße.
Sie gehen und sie gehen und wissen nicht wohin.
Nach einiger Zeit kommen sie zu einem kleinen Park.
Dort setzen sie sich auf eine Bank.
«Und jetzt?» fragt die Mamma.
«Ist doch mir egal!» schimpft der Pappa.
Zornig bricht er einen kleinen Ast von dem Strauch neben der Bank ab und kratzt damit kreuz und quer Striche in den Sand.
«Am liebsten würd ich heimfahren!» mosert er.
«Der Bus geht aber erst abends!» sagt die Mamma leise.
«Und wenn wir inzwischen ein bißchen auf dem Festplatz herumgehen?» fragt der Hansi.
Was sollen sie sonst machen? Sie können sich ja nicht den ganzen Tag hinstellen und weinen. Also bleiben sie noch ein bißchen sitzen, und dann dackeln sie zurück zur Oktoberfestwiese. Keiner von den dreien redet etwas. Musik und Stimmen plärren durch die Lautsprecher von allen Richtungen gleichzeitig auf sie ein, als wollten sie sie verspotten. Alle drei lassen den Kopf hängen, gehen ein paar Schritte, bleiben stehen, schauen, gehen wieder ein Stückchen und blicken so grantig drein, daß es nicht mehr grantiger geht. Doch allmählich beginnen sie, sich über manche Leute lustig zu machen.
«Schau mal, was der für einen Deckel aufhat!»
«Und der Kleine dort, der ist so rund, der kann gar nicht richtig gehen, der rollt daher wie ein Leberknödel!»

«Und die große Frau neben ihm schaut aus wie eine Bohnenstange!»
«Ob die zusammengehören?»
«Mir doch egal!» schimpft der Pappa wieder vor sich hin und schießt mit dem Fuß einen Plastikbecher davon. Anscheinend ist ihm sein Geldbeutel wieder eingefallen. Ein paar Minuten lang schweigen sie. Da legt auf einmal eine Frau ihren Arm um die Schultern vom Pappa und fragt: «Na, was ist denn Ihnen für eine Laus über die Leber gelaufen, daß Sie gar so zuwider dreinschauen?»
Der Pappa erschrickt.
«Was? Wie bitte?»
Aber die Frau ist schon wieder weitergegangen. Die Mamma schmunzelt.
«Siehst du's, jetzt fällt es sogar den fremden Leuten schon auf, daß du grantig bist!»
«Mir doch egal! Hätten sie uns eben den Geldbeutel nicht stehlen dürfen, die Haderlumpen, die gemeinen!»
Verloren stehen sie am Geländer vor der Kinderreitbahn. Ein kleines Mädchen winkt ihnen vom hohen Roß herunter. Die schaut aus wie das Tüpferl auf einem ‹I›.
Die Mamma zwinkert zurück und sagt: «Habt ihr die Kleine gerade gesehen, ist die nicht nett?»
«Mir doch egal!» grantelt der Pappa weiter.
Und der Hansi hat eigentlich auch keine Augen für das Kind. Den interessieren die Achterbahnen im Hintergrund viel mehr.

Beim Kinder-Auto-Karussell, wo die kleinen Hosenscheißer mit einem Riesenbimbamborium auf dem Hubschrauber, Motorrad und Feuerwehrauto rundherum gefahren werden, bleiben sie nur kurz stehen und wundern sich. Ein paar Väter und Mütter wollen ihre Kinder unbedingt in so eine Blechkiste reinsetzen. Aber die strampeln und plärren, weil sie Angst haben vorm Mitfahren. Und andere Väter und Mütter müssen die Kleinen mit aller Gewalt vom Polizeiauto auf dem Karussell herunterzerren, weil die unbedingt weiterfahren wollen.
Beim Kassenhäuschen von einer gigantischen Achterbahn bleiben sie ein bißchen länger stehen. Das Gerüst mit den Schienen, wo die Wagen rauf- und runterfetzen, ist höher als der Kirchturm daheim. Hoch oben steht mit Leuchtbuchstaben *Olympia 2000*. Und unten an der Kasse steht auf einer großen Tafel, daß keine Herzkranken und keine Leute mit kaputten Bandscheiben mitfahren sollen, weil sie in der Kurve mit dem Zehnfachen ihres Gewichts in den Sitz gedrückt werden.
«Das ist nur was für Pumperlgesunde», meint die Mamma, bleibt mit offenem Mund stehen und schaut und schaut und schaut – – –
«So ist's!» sagt der Pappa und schüttelt den Kopf.
«Na ja», sagt der Hansi, «krank sind wir ja eigentlich nicht!»
Da sehen sie weiter vorne eine Frau auf dem Asphalt liegen, die ist hingefallen. Die liegt da und rührt sich nimmer. Viele Leute bleiben stehen. Zwei knien nieder

neben ihr. Einer hält ihr die Hand. Immer mehr Leute stellen sich ringsum auf und gaffen.
Der Pappa, die Mamma und der Hans gehen zur Seite. Hinter ihnen taucht mit flackerndem Blaulicht der Notarztwagen auf. Aber die meisten Leute gehen nicht einmal weg, als der Sanitäter die Sirene einschaltet. Erst als er das Fenster herunterkurbelt und schimpft, machen sie ihm Platz.
«Wo gibt's denn so was!» sagt die Mamma.
Aber den Hansi zieht es zu einem Riesen-Gorilla. Das Viech ist höher als der Stadel daheim. Es haut sich immerfort mit den Pratzen auf den Bauch und grunzt irgendwas, was man nicht richtig verstehen kann, es hört sich so ähnlich an wie: *«Üch bün dör Größte! Üch bün Küng-Kong! Üch bösügö ollö!»*
Das ist schon die dritte Geisterbahn! Und irgendwie kommt es dem Hansi auch wie eine Achterbahn vor. Die Wagen verschwinden hinter dem Affen in den Pappendeckel-Burg-Kulissen. Und schon tauchen sie hoch oben auf einem Gleis wieder auf. Was unten hinter der Wand passiert, kann man höchstens raten. Nach dem Geschrei der Leute zu urteilen, muß es was Schreckliches sein.
Viele andere Leute sind genauso neugierig wie der Hansi, die wollen unbedingt alle wissen, was der Affe mit ihnen dahinten anstellt. Eine entsetzlich lange Menschenschlange steht vor den beiden Kassenhäuschen.
Gegenüber kann man auf einem hohen Baugerüst über einen künstlichen Wasserfall Indianerkanu fahren, zuerst

bergauf und dann – wuuusch – den Wasserfall hinunter…

Weiter vorne dreht sich ein Karussell mit so komischen Schwammerlkabinen, es dreht sich und wirbelt die Leute wie verrückt in alle Richtungen. Dabei wird jede Kabine zuerst nach oben geschwenkt und dann nach unten geschleudert. Gleichzeitig dreht sie sich einmal herum, dann wieder zurück. Oje, oje, da wird's einem schon allein vom Zuschauen schlecht.

Auf der anderen Seite ist eine Riesenrutschbahn mit ein paar Kurven und Wellen aufgebaut. Die, die da runterrutschen wollen, kriegen an der Kasse einen Lederfleck, dann müssen sie hinaufsteigen und – huiii! – ab geht die Post!

Der Pappa bleibt bei einer Schießbude stehen. Da schießen sie mit einem Gewehr auf Plastikblümchen und werden gleichzeitig von einer Sofortbildkamera fotografiert. Das sieht lustig aus, wie die Schützen mit dem Gewehr in der Hand ernst dreinschauen.

«Die machen sich bestimmt mordsgut auf dem Foto!»

Die Mamma lacht laut auf, so laut, daß sich zwei von den verwegenen Burschen umdrehen und gleich noch wilder schauen als vorher.

«Mein Gott, sind die kindisch! Mich wundert's bloß, daß sie sich nicht lächerlich vorkommen, wenn sie sich gar so wichtig machen mit dem Schießprügel in der Hand!» sagt die Mamma.

Der Pappa räuspert sich bloß und erinnert sich daran, daß er eigentlich grantig sein muß.

«Mir doch egal!»
Er blickt so finster drein, daß die Mamma gleich wieder lachen muß.
Im gleichen Moment sieht der Pappa einen, der ihm verdächtig vorkommt.
«Das ist der, der mich angerempelt hat, als wir vom Bus hergegangen sind, der hat auch so eine schwarze Lederjacke angehabt!»
Sie gehen dem Mann eine Zeitlang nach. Und da, tatsächlich: Der schleicht sich von hinten an eine Frau an und langt ihr in die Handtasche.
Der Pappa plärrt wie ein Irrer und rennt gleich hin. «Haltet ihn, der klaut, der klaut!»
Und er packt den Mann, dreht ihm den Arm um und hält ihn fest. Der Mann wird vor Schreck grün im Gesicht.
«He! He! Moment mal!»
Schon bleiben eine Menge Leute stehen und wollen sehen, was da los ist. Aber dann stellt sich heraus, daß der Mann bloß ein Päckchen Kaugummi aus der Handtasche ziehen wollte. Und die Frau mit der Tasche, das ist seine Frau. Der Pappa kriegt einen feuerroten Kopf und läßt den Mann los.
«'tschuldigung, ich habe – ich wollte – ich bin – tut mir leid, ich bin heute ein bißchen durcheinander.»
So verdattert hat der Hansi seinen Pappa noch nie dreinschauen sehen. Eine schöne Blamage!
Leute, die eine schwarze Lederjacke anhaben, sind eben keine Seltenheit.

Als sie ein Stück weitergegangen sind, stellt sich plötzlich die Mamma vor den Pappa hin, nimmt seine Hände in ihre Hände und gibt ihm einen Kuß.
«Jetzt beruhige dich halt wieder! Deine ganze Wut nützt ja überhaupt nichts! Damit wird doch auch nichts besser!»
Der Pappa bleibt stehen und schnauft tief durch. Beim Weitergehen – langsam, ganz langsam gehen sie dahin, sie haben ja Zeit – verdampft seine Wut. Die Aufregung legt sich, und sie schauen sich von nun an das Spektakel in aller Ruhe an...
Zuerst, als der Geldbeutel gestohlen wurde, ist es ein sündhaft teures Oktoberfest für die Grubers gewesen. Jetzt, wo sie nichts mehr haben, ist es so billig, daß es gar nicht mehr billiger geht. Sie drehen eine Runde nach der anderen. Für einen Rundgang brauchen sie ungefähr eine Stunde. Manche Sachen schauen sie sich beim Vorbeigehen bloß einmal an, andere wieder und wieder – beim *Schichtel* zum Beispiel bleiben sie jedesmal stehen und warten, daß eine neue Vorstellung angesagt wird. Das beste am *Schichtel* ist nämlich, wenn er seine Mannschaft draußen vor der Bude vorstellt. Da schaltet er die Stereoanlage an und legt eine Kassette mit einer fetzigen Musik ein. Und er schreit und singt dazu ins Mikrofon. Er ist schon ganz heiser, weil er anscheinend jeden Tag von früh bis spät so plärren muß.
«Auf geht's beim *Schichtel*! Geht's her da, laßt's euch nicht lang betteln! Bei uns ist noch keiner dümmer raus-

gangen, wie er reingangen is! Da gehn eh bloß Blöde rein! Haarschneiden kostet scho mehr als zwanzg Mark! Bei uns kommt für einen läppischen Fünfer der ganze Kopf runter!»

Nach jedem Satz dreht er die Musik ganz laut auf. Und dann macht er sie wieder leiser und stellt seine Leute weiter vor.

«Unser Henkersknecht, schaut's n euch an, der ist direkt von der *Puberversität* zu uns gekommen!»

«Ja, schaut's euch unsere Mannschaft an: Hier haben wir *Laars Traagl*, den schwedischen Hochgeschwindigkeitstrinker!»

Und die Leute drücken hinein in die Bude vom *Schichtel*, daß es eine wahre Pracht ist. Aber die Mamma, der Pappa und der Hansi gehen natürlich weiter. Erst beim nächsten Karussell bleiben sie wieder länger stehen. *Speedy* steht oben drüber. Eigentlich ist es gar kein richtiges Karussell.

«Ist halt auch so eine Dreh-Maschine», meint der Pappa. Und das stimmt auch: Alles dreht sich, und die Haare der Leute, die da mitfahren, fliegen gerade so herum. Die einen brüllen, als würden sie abgestochen, die anderen tun, als wären sie unwahrscheinlich *cool*. Schaut man ihnen aber beim Aussteigen zu, dann merkt man's doch, daß sie weiche Knie haben. Und die meisten sind auffallend still.

«Da möchte ich gar nicht mitfahren», sagt die Mamma.

«Ich schon», sagt der Hansi.

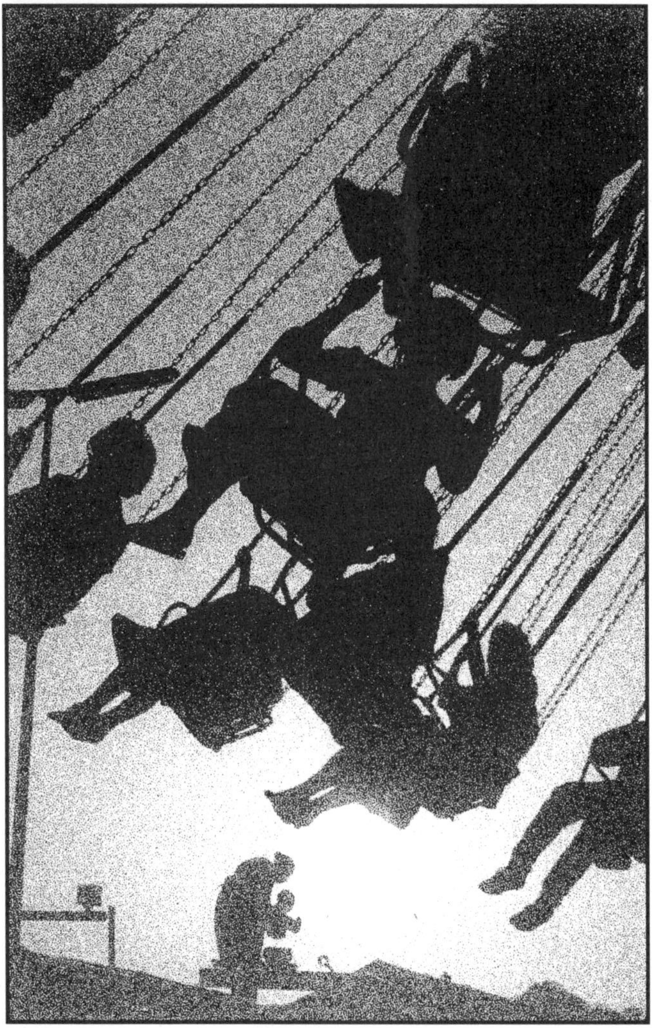

«Schau her, hast du schon wieder fünf Mark gespart!» meint der Pappa.
Und der Hansi zählt von nun an bei jedem Stand das Geld, das sie sparen.
Ein Stückchen weiter heißt's *Haut den Lukas* – das würde den Pappa schon reizen. Mordsprackel Mannsbilder gehen hin, nehmen den riesigen Schlegel, holen aus, daß er hinter ihnen fast den Boden berührt, dreschen auf den eisernen Stöpsel, daß es nur so kracht. Und der Stöpsel saust hinauf, die Leute rufen: Aaah – uuuh – heee! Das Kugerl am Kraft-Thermometer geht gerade bis zur Hälfte in die Höhe, und dann platscht es herunter wie ein nasser Putzlumpen. Und alle, die herumstehen, lachen den Schwächling aus.
Dann steigt der nächste aufs Podest. Ach du liebe Zeit, der stolziert herum da oben wie der Gockel auf dem Mist. Wahrscheinlich will er seiner Freundin oder seinem Freund imponieren, der Angeber.
Und wieder nichts!
Die meisten haben einfach nicht genug Kraft, oder sie halten den Hammer falsch. Bei manchen meint man, daß sie nicht einmal den Hammer in die Höhe bringen – und bei denen haut es hin. Die kriegen dann eine Plastikrose als Belohnung. Manche müssen schmunzeln, andere nehmen's so ernst, denen kommt kein Lacherl aus. Der Mann, der das Geld kassiert, der reißt nur ab und zu sein Maul auf und plärrt: «Haut – den – Lukas! Traut's euch nur!» Und sonst gähnt er bloß zwischendurch wie ein

Löwe, der keinen Hunger hat und nichts wie schlafen möchte. Manchmal meint der Hansi, daß der Mann das Ganze irgendwie steuern kann, vielleicht mit einem Magneten oder so. Und er paßt ganz genau auf, ob er irgendwo hindrückt mit den Händen oder vielleicht mit den Füßen. Der Hansi geht ganz nahe ran. Unmöglich, nirgends ein Knopf zu sehen, unmöglich.

Allmählich gefällt es ihnen auf dem Oktoberfest immer besser. Vor den Bierzelten stampfen Braurösser daher, die sind aufgeputzt mit Papierblümchen an den Lederriemen und den Schellen. Sie ziehen einen Wagen durch die Menschenmenge, der ist voll beladen mit lauter Bierfässern. Und der Bierkutscher knallt mit seiner Peitsche. Ein Japaner, der das fotografieren will, erschrickt dermaßen, daß er seine Kamera fallen läßt. Er kann sie gerade noch vor den Hufen retten. Da wäre nicht mehr viel übriggeblieben, wenn eines der Braurösser draufgetreten wäre.

Der Pappa und die Mamma wollen einmal so ein riesiges Bierzelt von innen sehen. Im Dorf gibt's auch hin und wieder ein Bierzelt, bei der Fahnenweihe oder beim Volksfest.

Aber hier sind die Bierzelte mindestens viermal so groß. Drinnen spielen Blaskapellen, die blasen in die Mikrofone und Verstärkeranlagen hinein, daß es gerade so kracht. Wenn man sich da miteinander unterhalten will, muß man sich anschreien.

Es gibt hier nicht nur ein solches Bierzelt, auch nicht zwei

oder drei: nein, acht Bierzelte mindestens, und ein Zelt gibt's, da wird nur Sekt und Wein ausgeschenkt, und in einem gibt's vielleicht nur Kaffee. Der Mamma bleibt die Spucke weg.
«Das gibt's ja nicht!»
Die Kellnerinnen tragen in jeder Hand fünf, sechs Maßkrüge auf einmal. Der Pappa schleckt mit der Zunge ein paarmal über seine Lippen und tut schon wieder, wie wenn ihm alles egal wäre: «Wie man nur so viel saufen kann!»
Sie gehen weiter und weiter, und eine Zeitlang kommt es ihnen vor, als würden sie gar keine Leute mehr sehen: nur noch riesige Brezen, nur noch Teller mit Schweinebraten und Knödel, mit Brathähnchen, mit Steckerlfisch und mit Emmentaler. Und der Geruch der gesamten Fressalien dampft ihnen in die Nasen, daß ihnen das Wasser im Mund zusammenläuft und daß sie schier vergehen könnten vor lauter Magenknurren.
«Hinaus, hinaus, nichts wie raus!» winselt der Pappa und verdreht die Augen.
Auch draußen im Gedränge tun die Leute nichts als essen, die beißen in Knackwurst- und Bratwurstsemmeln, sie mampfen Lebkuchenherzen, schlecken Eisbatzen aus Waffeltüten, ziehen sich Rollmopssemmeln rein, knabbern gebrannte Mandeln, kauen Türkischen Honig oder verpappen sich den Mund mit Zuckerwatte...
Andächtig bleibt der Hansi vor einer Bude stehen, die ist mit einem ganz tollen Gemälde verziert. Es zeigt einen

Fischer in einem Boot mitten im Meer, schaut super aus, abenteuerlich, der Hansi kann sich gar nicht satt sehen.
«Nach Fisch stinkt's. Wahrscheinlich gibt's da drin Fisch», sagt die Mamma, wendet sich ab und schaut auf den Boden.
Und der Hansi bohrt mit den Fingern von der linken Hand abwechselnd in der Nase und im linken Ohr und vergräbt die rechte tief im Hosensack. Soll er oder soll er nicht? Soll er oder soll er nicht. Er hat ein paar Geldstücke im Hosensack. Mit denen rückt er jetzt endlich heraus. Drei Mark und achtundsiebzig Pfennig. Die hat er eigentlich für sich selbst als eiserne Reserve mitgenommen. Da hätte er sich ganz was Besonderes kaufen wollen. Vielleicht ein Andenken oder so. Oder er hätte auch mit irgendwas fahren können, mit irgendwas, das ihm die Eltern nicht erlaubt hätten. Sollte er das Geld jetzt einfach für sich behalten?
Aber das kann er nicht machen. Das wäre gemein, wenn er das Geld jetzt alleine verfressen würde. Also kauft er für alle miteinander eine Tüte gebrannte Mandeln um drei Mark.
«Aber nicht alle auf einmal essen, sparsam damit umgehen, gell!» ermahnt der Hansi seine Eltern, als sie weiterschlendern.
Manche Sachen fallen ihnen auf, weil sie ganz anders sind, irgendwie altmodisch: eine kleine Volksfestorgel mit einem kleinen Riesenrad. Vor dem Riesen-Riesenrad schaut es aus wie ein Kinderspielzeug.

Und dann gibt's einen kleinen Stand, da kann man sich seinen Kopf als Scherenschnitt machen lassen.
Und ein ganz kleines Karussell gibt's, das fährt so langsam, daß es im Vergleich zu den modernen fetzigen Karussellmaschinen direkt wie ein Witz wirkt. In einer kleinen Kanzel an der Seite sitzen drei Blasmusikanten, die spielen bekannte Volksmusikmelodien. Ganz, ganz langsam dreht sich das Ding, wird an einer Seite sacht angehoben und sackt auf der anderen wieder gemächlich ab – sonst nichts. Nach ein paar Minuten bleibt das Karussell stehen, und ein Mann in einem altmodischen Frack und mit einem Zylinder schreit: «Kommen Sie näher, treten Sie ein!»
«Das wär was für dich!» sagt die Mamma zum Pappa.
«Krampf!» sagt der Pappa und schaut schon wieder so sauer.
Aber die Mamma baut sich vor ihm auf und macht sein grantiges Gesicht nach. Da kommt ihm doch wenigstens das Lachen aus.
Später interessieren sie sich hauptsächlich für die Ansagerinnen und Ausrufer. Meistens haben die ein Taschentuch ums Mikrofon gewickelt. Wahrscheinlich weil sie so viel hineinspucken bei ihrer Plärrerei. Und wie komisch die reden, irgendwie so durch die Nase, so verdreht und verzwickt: «*Wooogan Sööö eune rosantööö Faaahrt – doos gübt ös närgends!*»
«Jaaa – wiiirrr iberschreitin die Greeenzin!»
Bei manchen könnte man meinen, sie treiben's bis zum

Herzkasperl, die flippen fast aus. Und andere reden so langweilig wie ein Automat, der geschmiert werden müßte.
«*Eun-mooolich auf dööör Wöööolt!*»
«*Daaas iiist suuuper!*»
Der Hansi versucht die Stimmen zu imitieren.
Der Pappa meint: «Ich glaube, wenn wir ewig den gleichen Blödsinn sagen müßten, dann würde sich das auch nicht anders anhören!»
Die Mamma denkt auf einmal in eine ganz andere Richtung. Sie führt Selbstgespräche.
«Wer weiß, ob wir so viel gesehen hätten, wenn sie uns den Geldbeutel nicht gestohlen hätten!»
«Du machst aus einem Weltuntergang auch noch etwas Gutes!» sagt der Pappa. «Wenn ich den Taschendieb erwisch, dann müssen wir uns unbedingt bei ihm bedanken!»
Aber der Pappa sagt das nicht mehr so bissig wie am Nachmittag. Er ist eigentlich selber ganz froh, daß seine Wut ein bißchen verraucht ist.
Als es Nacht wird, kommen ihnen die Lichter noch heller vor als am Tag. Und die Musik wird noch lauter. Und die Leute werden mehr und mehr. Und die Füße werden müde und immer müder.
Immer schwerfälliger ziehen sie ihre Runden.
Ein Sitzplatz tät gut, denkt der Hansi und ist heilfroh, als sie schließlich zum Busparkplatz latschen, zur Heimfahrt.

Im Bus hockt der Hansi still im Dunkeln. Wenn er die Augen schließt, dreht sich alles. Da fetzen die bunten Lichter im Kopf herum, und in den Ohren singt oder pfeift es ganz leise. Manchmal ist es, als klänge das Echo der Musik nach, hoch oben im Kopf, dicht unter den Haaren.
«Oh, oh, tut das gut, wenn der Schmerz nachläßt», brummt der Pappa.
Jetzt merken sie erst, wie laut es auf der Wiesen gewesen ist. Halb schwerhörig sind sie.
Weiter vorne im Bus kugeln sich zwei Frauen vor Lachen. Ganz hinten singen ein paar junge Burschen übermütig: *«Ein Prooo-sit, ein Prooo-ho-sit der Gemüt-lich-keit!»*
«Die dort hinten bringen miteinander einen Rausch für mindestens 500 Mark heim!» grummelt der Pappa.
«Ich glaube mit so wenig Geld ist noch nie eine Familie ausgekommen einen ganzen Tag lang beim Oktoberfest und hat trotzdem so viel erlebt!» meint die Mamma.
Und der Pappa muß ihr recht geben.
«Dafür, daß sie uns unser ganzes Geld gestohlen haben, ist es doch noch recht schön geworden.»
Der Hansi lehnt an ihm dran und schläft, der hört und sieht die ganze Fahrt lang nichts mehr.
Als sie von der Bushaltestelle aus heimgehen, ist der Pappa auf einmal so fröhlich, der lacht und scherzt, als hätte er beim Stammtisch zwei Halbe Bier getrunken.
Dann sperrt er die Haustür auf, will sie aufschieben und

hineingehen, da klemmt irgend etwas unten an der Türkante. Der Hansi bückt sich, tastet durch den Türspalt nach innen und glaubt, er spinnt: der Geldbeutel – der Geldbeutel vom Pappa!
Der Mamma und dem Hansi verschlägt es die Sprache. Auch dem Pappa vergeht das Lachen für einen kurzen Augenblick... Auf jeden Fall ist er froh, daß er morgen in der Früh nicht aufstehen muß zum Kühefüttern, so wie früher. Er hat nämlich morgen frei.
Der Hansi schläft nicht besonders gut. Am liebsten würde er schon um fünf Uhr mit dem Pappa aufstehen. Da könnten sie miteinander reden, wie es beim Oktoberfest gewesen ist. Und wenn sie wieder hinfahren und den Geldbeutel mitnehmen und miteinander Achterbahn und Karussell fahren, soll der Pappa mit dem Hammer draufhauen, daß der Lukas grad so schaut. Aber dann denkt er daran, daß der Geldbeutel danach bestimmt leer wäre. Und er dreht sich um und schläft bis zum späten Vormittag.

Das himmelblaue Moped

Der Onkel Herbert wohnt im Nachbardorf, in Brennhardswald. Er ist der Bruder von Hansis Vater. Und der Taufpate vom Hansi ist er auch. Logisch, daß er da immer wieder mal zu Besuch kommt.

Von Beruf ist der Onkel Herbert Maurer. Alle Augenblicke arbeitet er woanders. Aber er hat kein Auto. Zu seinen Baustellen fährt er mit dem Moped. Und auch sonst fährt er überall, wo er hin muß, mit seinem Moped. Der wäre glatt aufgeschmissen ohne sein Moped.

Der Hansi hat auch kein Auto. In die Schule fährt er mit dem Schulbus. Und wenn er sonst irgendwohin will, dann fährt er mit dem Radl.

Das Moped vom Onkel Herbert hat sich der Hansi schon ein paarmal ganz genau angeschaut. Einmal hat er sogar schon mitfahren dürfen. Ist nämlich ein Zweisitzer, dieses Moped, allerdings ein Zweisitzer der Marke URALT. Und irgendwie gleicht es einer Nähmaschine mit Rädern.

Trotzdem, der Onkel Herbert mag sein Moped.

Er sagt immer: «Um nichts in der Welt tät ich es gegen ein Auto eintauschen!»

Vor einem Jahr hat er es neu lackiert. Ganz himmelblau! Und wenn er eine rostige Stelle entdeckt, bessert er sie sofort wieder aus – ganz himmelblau!

Meistens kommt der Onkel Herbert am Sonntagnachmittag zu Besuch. Zehn Minuten bevor er da ist, hört man ihn schon. Da hört man das typische Onkel-Herbert-Geräusch, das Motorgeräusch vom himmelblauen Moped. Das ist eine Mischung aus den Geräuschen einer kaputten Kreissäge, eines Bulldogs, den man mit Vollgas fährt, und ein bißchen was vom Trompeten eines Elefanten ist auch dabei.
Und mit diesem Geräusch beginnt die Geschichte auch, und zwar an einem Sonntagnachmittag.
Zuerst hört der Hansi das Knattern des Mopeds, dann, etwa zehn Minuten später, folgt der Onkel Herbert. Er holpert mit seiner Kiste quer über den Hof und stellt sie beim Hühnerstall ab. Der Hansi hat ihn schon erwartet. Langsam kommt er näher.
«Du-huuu, Onkeeel Heeerbert!» sagt er schüchtern.
Doch der Onkel Herbert kümmert sich gar nicht um ihn. Er geht schnurstracks auf die Haustür zu.
«Du-huuu, Onkeeel Heeerbert!» winselt der Hansi noch einmal.
Jetzt antwortet der Onkel Herbert mit einer Art Bellen: «Was ist denn?»
Wer den Onkel Herbert nicht kennt, der könnte glauben, daß er recht grantig ist an diesem Tag. Aber der redet immer so. Der käme nie drauf, dem Hansi übers Haar zu streicheln und ihn leise oder ihn gar zärtlich zu loben: «Das hast du aber gut gemacht!»
Der bellt bloß: «Paßt schon!» und haut ihn derartig auf

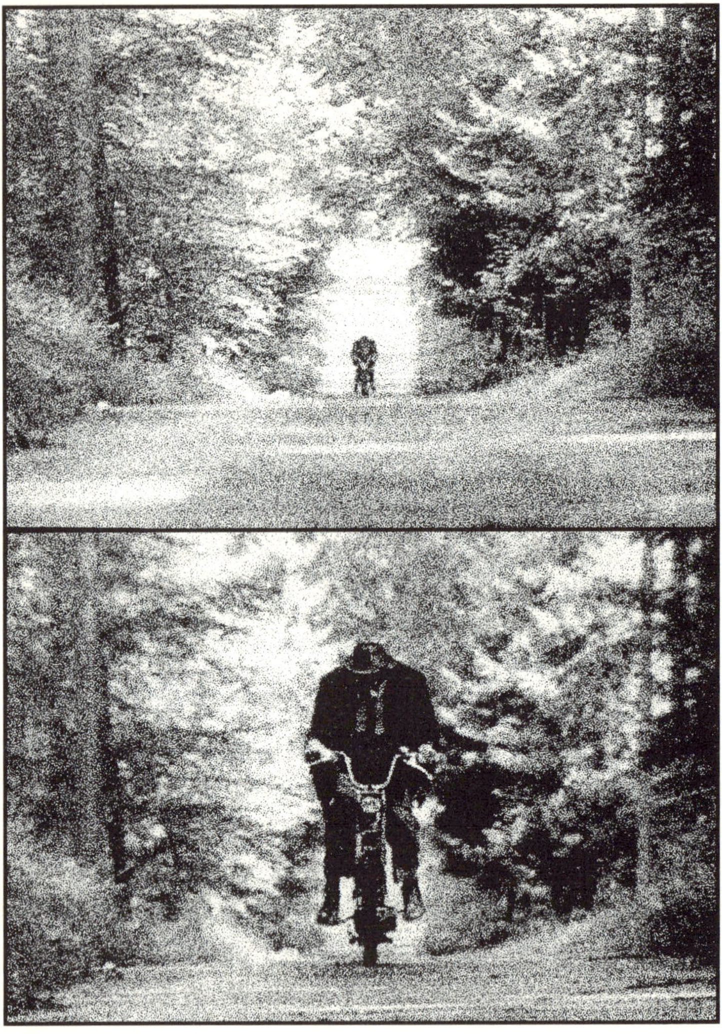

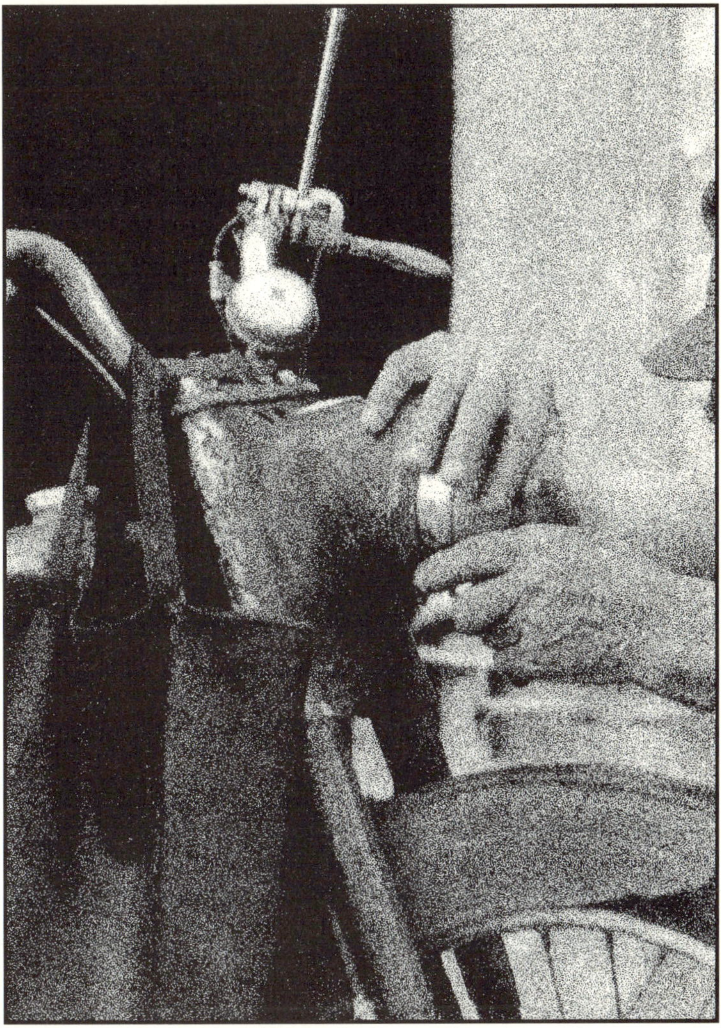

den Buckel, daß er froh sein kann, wenn er keine ‹Lungenerschütterung› kriegt.

Und wenn er ihm wirklich mal böse ist, dann poltert er fast im gleichen Tonfall: «Spinnst du!» und haut ihm derart eine vor den Latz, daß dem Hansi die Spucke wegbleibt.

Beim Onkel Herbert sind Schimpfen und Liebsein nur einen Fingerbreit voneinander entfernt. Wer nicht genau hinsieht oder wer ihn nicht genau kennt, der weiß nie, wie er dran ist mit ihm.

Genau wie beim Pappa. Ganz gleich, was sie sagen und mit wem sie reden, immer kommt nur so eine Art Bellen zustande. Von wem die das wohl haben?

«Der Großpappa war genauso», meint die Mamma. Aber wenn das der Pappa und der Onkel Herbert hören, lachen sie bloß.

Der Hansi kennt sich also aus mit den beiden. Er stutzt jetzt zwar einen Augenblick, aber dann sagt er: «Grüß dich! Grüß dich, Onkel Herbert!»

Und er schüttelt ihm die Hand.

Und der Onkel Herbert bellt wieder: «Grüß dich, Hansi! Ist der Pappa daheim?»

«Ja, der ist drin, aber du-huuu, ich will dich was fragen.»

Der Hansi schielt insgeheim zum Moped, das drüben an der Mauer vom Hühnerstall lehnt.

«Ja, was denn?» knurrt der Onkel ungeduldig.

Er will weitergehen. Der Hansi hält ihn am Ärmel fest.

«Duuu-hu, Onkeeel!»
«Ija – jetzt red halt, oder soll ich dir die Würmer aus der Nase ziehen?»
«Darf ich mal allein mit deinem Moped fahren?» platzt der Hansi jetzt endlich heraus.
«Was? – Mach deine Augen zu, dann siehst du, was du darfst», brummt der Onkel Herbert und verschwindet mir nichts, dir nichts im Haus.
Der Hansi schließt die Augen – da kapiert er erst, was der Onkel meint: Nichts darf er. Gemeinheit!
Jetzt beginnen die Gedanken in seinem Kopf zu rennen – von einem Ohr hinüber zum anderen und am Hemdkragen entlang wieder zurück. Immer die gleichen Gedanken sind es: Wenn mich der Onkel Herbert nicht fahren läßt, dann fahr ich einfach selber! Was soll da schon passieren!
Er hat nämlich dem Onkel Herbert schon oft zugeschaut. Er weiß, wie man die Maschine anläßt. Und fahren kann ja jeder. Das geht doch babyleicht – – –
Gemächlich schlendert er hinüber zum Hühnerstall. Es gefällt ihm sagenhaft gut, dieses Moped!
Er streichelt es wie einen lieben Hund, dieses Moped.
Ab und zu schaut er, ob nicht vielleicht der Onkel Herbert zurückkommt. Aber der sitzt drinnen beim Pappa und macht Brotzeit, das kann lange dauern.
Er streicht um dieses Moped herum wie eine Wespe um ein Glas voller Limonade.
Die Maschine gefällt ihm.

Die Maschine gefällt ihm sagenhaft gut: Hey, super, einfach super.
Aha! Das ist der Benzinhahn.
Aha, den muß man aufdrehen, dann läuft Benzin in den Motor. Oh, oh, da unten das Pedal, das ist der Anlasser, da tritt man drauf und startet es, das Moped.
Er fährt ja nicht auf der Straße. Das wäre viel zu gefährlich. Höchstens auf dem Feldweg, da fahren selten Autos. Oder drüben auf dem schmalen Fußweg am Bach entlang zum Wald hinauf! Da kann überhaupt kein Auto kommen – – –
Bei der Flurbereinigung haben sie den Bach begradigt. Vom Waldrand weg läuft er genauso pfeilkerzengerade dahin wie die Schnellstraße, und daneben gibt es einen begradigten Weg und begradigte Felder und begradigte Wiesen und begradigte Hausgärten mit begradigten Büschen und begradigten Bäumen.
Aber die Gedankenwege vom Hansi sind nicht begradigt.
Er schaut in die Luft, schielt nur von der Seite hin zum Moped, pfeift wie nebenbei alle Melodien aus der Hitparade, oder wenigstens die Anfänge.
Er benimmt sich so unauffällig, daß es jedem auffallen muß. Sogar der Barbara. Die schiebt gerade ihr kleines Brüderchen im Kinderwagen spazieren. Als sie den Hansi so unauffällig dastehen sieht, ruft sie ihm zu: «Hey, was hast denn du vor? Du hast doch was vor, hey!»
Der Hansi erschrickt.
«Nix, nix hab ich vor. Gscht, gscht, gscht! Fahr weiter,

gscht!» schreit er und will die Barbara fortscheuchen wie eine Henne.

«So ein Depp!» sagt die Barbara bloß, zuckt mit den Achseln und geht weiter.

Als sie um die Ecke verschwunden ist, wartet der Hansi noch ein bißchen ab, dann packt er das Moped am Lenker und schiebt es langsam in Richtung Bachweg.

Auf einmal rast der Franzi mit seinem nagelneuen Radl hinter ihm her. Eine Affengeschwindigkeit hat er drauf. Er bremst so wild, daß sich das Fahrrad querstellt.

«He, was hast denn du vor? Du hast doch was vor!»

Der Franzi ist der beste Freund vom Hansi, den kann er nicht einfach wegjagen. Also ruft er ihm zu: «Schmeiß dein Radl hinter die Haselnußsträucher, heute fahren wir Moped!»

Das läßt sich der Franzi nicht zweimal sagen. Er schleudert sein Fahrrad hinter die Büsche und schreit: «Mensch, toll, ich bin ja noch nie mit einem Motorrad gefahren!»

«Das ist kein Motorrad, das ist ein Moped», belehrt ihn der Hansi gschaftelhuberisch. «Ein Moped hat ja eine viel schwächere Maschine, das fährt viel langsamer.»

«Ist doch wurst-egal», meint der Franzi bloß und setzt sich gleich auf den hinteren Sitz. «Hauptsache, wir bringen die Kiste in Gang.»

«Kein Problem!»

Der Hansi macht sich sehr wichtig. Er steigt auf und tut so, als überprüfe er kurz alles noch einmal, bevor es los-

geht: Er dreht am Gasgriff, drückt auf die Pedale, macht den Benzinhahn auf und zu. Endlich tritt er mit aller Kraft auf den Anlasserhebel. Doch nichts geschieht.
Er versucht es ein zweites Mal. Wieder nichts!
Jetzt wird der Hansi ungeduldig. Mit voller Wucht tritt er dreimal hintereinander auf den Hebel. Aber nichts rührt sich.
Dem Franzi wird es jetzt zu dumm. Er steigt wieder ab und spottet: «Du Angeber, du Flasche, du kannst ja gar nicht fahren!»
Da wird der Hansi wütend.
«Von wegen – ich und nicht fahren können! Dir werd ich's zeigen!»
Er stellt sich auf die Pedale des Mopeds und fährt ein paar Meter im Stehen, wie mit einem Fahrrad. Das geht sehr schwer, weil sich der Motor nicht mitdreht. Während des Fahrens drückt und zieht und dreht er an den verschiedensten Hebeln. Im Hintergrund hört er den Franzi lachen. Mit aller Kraft tritt er weiter, kommt zwei, drei, vier Meter vorwärts. Da, plötzlich bleibt dem Franzi das Lachen im Halse stecken. Es gibt einen Knall. Eine schwarze Wolke kommt aus dem Auspuff des himmelblauen Mopeds. Die Maschine bäumt sich auf wie ein Pferd beim Reit- und Springturnier. Das typische Onkel-Herbert-Geräusch ertönt.
Das Moped fährt und holpert schon auf und davon, immer den schmalen Weg am Bach entlang. Der Hansi freut sich.

Der Franzi rennt ihm hinterher und schreit: «Wart doch, bleib stehen, ich will auch mit! Du hast es mir versprochen!»
Nun würde der Hansi wirklich gerne auf den Franzi warten. Aber wie? Das ist nicht so einfach. Erstens hat er große Mühe, das Moped zu lenken, ohne vom Weg abzukommen, und zweitens, wer kann ihm jetzt die Bremse zeigen. Verzweifelt drückt er auf den Bremshebel links an der Lenkstange – das reagiert überhaupt nicht, das blöde Moped! (Wenn der Hansi ein bißchen Ahnung vom Mopedfahren hätte, dann müßte er wissen, daß das die Kupplung ist!)
Dem Hansi ist kalt und heiß gleichzeitig.
«Die Bremse ist kaputt! Die Bremse ist kaputt!»
Hinter ihm her rennt immer noch der Franzi und schreit: «Wart endlich, du bist gemein, du bist gemein!»
Der Hansi hat sich das ganz anders vorgestellt. Er hat gedacht: Zuerst setz ich den Motor in Gang, dann sage ich: Franzi, steig auf! Und dann fahre ich mit dem Moped los. Aber jetzt fährt nicht er mit dem Moped, jetzt fährt das Moped mit ihm. Es rattert und knattert, es beutelt und schüttelt und rüttelt ihn – immer schneller, immer schneller!
Er würde ja gern stehenbleiben und auf den Franzi warten. Aber die Bremse ist kaputt! Die Bremse ist kaputt! Und wenden kann er auch nicht. Der Weg ist höchstens so breit wie ein Schulheft! Um Himmels willen! Rechts von ihm, durchs Dornengestrüpp geht es steil die Bö-

schung hinunter, und unten fließt der Bach. Links von ihm, an den Pappeln entlang, ist Stacheldraht gespannt, da weiden die Kühe vom Schober-Bauern. Jetzt muß er so lange weiterfahren, bis das Benzin aus ist. Der Franzi bleibt immer weiter zurück. Er japst und schnauft und rennt und japst und schnauft, und zwischendrin keucht er: «Warte, halt, warte, bleib stehen, ich will doch auch mit!»
Der Hansi hängt auf seinem Moped wie ein verhinderter Rennfahrer. Er denkt nicht mehr an die Bremse, er denkt nicht mehr an den Franzi. Der plärrt weit hinter ihm: «Warte! Laß mich auch mit! Laß mich auch mit!»
Aber das Moped rast schneller und schneller dahin. Nun hat er den Waldrand erreicht. Der Weg wird noch schmäler, noch holpriger. Und kurviger wird er jetzt. Dem Hansi schlottern die Knie. Dem Hansi wackeln die Ellbogen. Dem Hansi zittern die Hände. Da, nach einer Kurve, sieht er vor sich die Barbara mit dem Kinderwagen. Die ist den gleichen Weg gegangen – – –
Der Hansi schreit schon von weitem: «Geh weg! Mach Platz! Ich kommeee!»
Herzklopfen bekommt er, Herzklopfen, bis in den Hals hinein pocht es. Wie soll er denn ausweichen? Heiß und kalt wird es ihm gleichzeitig. Er kann doch nicht wie ein Eichhörnchen den Baum rauf. Und durchs Gestrüpp in den Bach hinunter will er auch nicht.
Weit hinten, ganz und gar abgeschlagen, schreit der Franzi: «Wart endlich, du bist sooo gemein!»

Aber dort vorne die Barbara, sie dreht sich um, reißt den Mund auf und macht ihn nicht mehr zu.
Der Hansi ist nur noch zehn Meter von ihr entfernt. Er brüllt, so laut er kann: «Hau ab! Geh weg! Ich habe keine Breeemseee!»
Aber die Barbara steht da wie ein Baum, wie angewurzelt steht sie da. Ja – wo soll sie denn hin? Über den Stacheldraht kann sie mit dem Kinderwagen auch nicht springen. Und die Böschung hinunter durch die Dornen in den Bach hinein – nein!
Weit hinten brüllt der Franzi immer noch: «Wart doch! Laß mich auch mit! Laß mich auch mit!»
Der Hansi rast auf die Barbara zu. Dicke Schweißtropfen stehen ihm auf der Stirn. Fünf Schritte vor ihr brüllt er ein letztes Mal: «Geh weg, geh weeeg!»
Aber die Barbara steht da mit offenem Mund und rührt sich nicht vom Fleck. Da reißt er das Moped nach rechts. Ratsch! Dornenranken. Ratsch! Himbeersträucher. Ratsch! Brombeersträucher. Kurz vor dem Bach läßt sich der Hansi vom Moped fallen, das Moped rast allein weiter und platscht in den Bach. Der Motor blubber-babubbert noch ein bißchen, bis es endlich versunken ist.
Dann ist es einen Augenblick ganz still.
Droben auf dem Weg steht immer noch die Barbara. Sie klappt den Mund zu und sagt: «Was ist denn das gewesen?»
Nun kommt der Franzi angekeucht, angejapst. «Wart! Wart doch endlich!»

Aber er sieht keinen Hansi, und er sieht kein Moped.
Da taucht unten am Bach ein Kopf auf aus den Sträuchern: der Hansi! Er fühlt den Schmerz an der Stirn, greift hin, sieht das Blut und erschrickt. Auch die Nase blutet. Die Lippen hat er sich aufgebissen. Er will aufstehen, sticht sich an den Dornen, reißt sich die Hand auf. Doch er kann nicht einmal schreien. Auch weinen kann er nicht. Nichts kann er, nicht einmal hier hockenbleiben. Also nimmt er alle Kraft zusammen und rappelt sich hoch –
Der Franzi muß lachen, als der Hansi sich mühsam aus dem Gestrüpp herauswurstelt. Und weil ihm sonst nichts einfällt, spottet er ihn mit einem Auszählreim aus:

Rennfahrer Biberl
scheißt ins Küberl,
schütt's wieder aus,
und du bist raus!

«Hör bloß auf», schimpft der Hansi, «sonst schmeiß ich dir's Moped nach!»
«Moped? Ich versteh immer Moped! Wo ist denn das Moped?» meint der Franzi und grinst.
Der Hansi watet in den Bach. Gott sei Dank reicht ihm das Wasser nur bis zu den Knien. Er greift nach der Maschine und zerrt sie nach oben.
Das Moped ist gar nicht mehr himmelblau!
Schlamm-baats-braun ist es, voller Schlick und voller Schlingpflanzen. So schiebt er es den Abhang hinauf.
Die Barbara schimpft: «Geh bloß weg mit dem dreckigen Ding!»

Sie schüttelt den Kopf, packt den Kinderwagen und schiebt ab.
Dem Franzi ist das Lachen vergangen, der will auch nichts mehr mit dem Moped zu tun haben!
«Also dann, ich muß jetzt heim. Gute Fahrt weiterhin!»
Und der Hansi steht allein da mit seinem Moped.
Mit *seinem* Moped?
Nun wird es ihm erst so richtig klar: Er hat das Moped vom Onkel Herbert kaputtgemacht...
Langsam, ganz langsam schiebt er das Gefährt in Richtung Hof. Und je näher er zum Hof kommt, desto langsamer geht er. Von weitem sieht er schon den Onkel Herbert. Der sucht etwas. Und der Pappa, der hilft ihm.
Der Onkel Herbert sieht ihn als erster und rennt ihm entgegen und plärrt ihn an: «Das zahlst du von deinem Taschengeld, daß du's weißt!»
Dann kommt der Pappa langsam auf den Hansi zu, er sagt kein Wort, haut ihm einfach eine runter, dreht sich um und geht wortlos weg.
Der Hansi spürt die fünf Finger von Pappas Hand in seinem Gesicht. Seine Backe brennt. Er rennt heim zur Mamma. Die schaut ihn vorwurfsvoll an, verdreht die Augen und sagt nur ein Wort: «Jooo-han-nes!» Sie holt ihm frische Sachen zum Anziehen und verarztet ihn: Ein großes Heftpflaster klebt sie ihm quer über die Stirn, eins übers Kinn, eins über den Nasenrücken und über

beide Backen von oben nach unten auch noch zwei. Der Hansi schaut aus wie ein karierter Seeräuber.
Er hat so ein schlechtes Gewissen. Ihm ist zumute, als wäre die Welt untergegangen. Am liebsten würde er sich tief in der Erde vergraben oder im Heu. Schließlich geht er an diesem Sonntag schon sehr bald ins Bett und vergräbt sich unter der Bettdecke.
Aber er kann einfach nicht einschlafen. Zuerst ist es ihm zu heiß. Seine Schlafanzugjacke ist schon ganz durchgeschwitzt – also strampelt er die Bettdecke weg. Doch jetzt wird es ihm zu kalt, und er zieht die Decke wieder bis zur Nasenspitze hinauf. Aber es ist einfach nicht auszuhalten. Die Gedanken geben keine Ruh. Woran denkt er denn? Natürlich an das Moped!
Er steht auf und macht sich auf die Suche nach seinem Sparbuch. In seinem Schreibtisch findet er es. 207 Mark und 76 Pfennig sind drauf!
Dann leert er mit dem Taschenmesser die Sparbüchse aus: 23 Mark und 33 Pfennig.
Ob das reichen wird für die Reparatur vom Moped?
Der Hansi formt sein Kopfkissen zu einem dicken Knödel und boxt hinein. Er will müde werden. Er will jetzt endlich, endlich schlafen. Aber das haut einfach nicht hin. So dreht er sich im Bett wie eine Kompaßnadel: Einmal zeigen seine Füße zum Dropsberg hinüber, dann wieder zum Haxenberger Weiher. Er dreht sich vom Bauch auf den Rücken, vom Rücken auf die linke Seite, dann auf die rechte, und bald liegt er wieder auf dem

Rücken und horcht in die Stille hinein. Da melden sich plötzlich die Kirchturmglocken. Zuerst viermal leiser, die Viertelstunden, dann kräftiger, die Stundenschläge. Der Hansi zählt leise mit: eins – zwei – drei – vier – fünf – sechs – sieben – acht – neun – zehn – elf – zwölf.
Um Himmels willen! Schon Mitternacht! Geisterstunde! Und er schläft immer noch nicht! Er hat noch nie in der Nacht die Glocken ein Uhr schlagen gehört. Vielleicht klappt's heute! Er strengt sich an, so gut es geht – aber mittendrin schläft er ein. Und plötzlich sitzt er auf einem riesigen Motorrad. Der Lenker ist so breit, daß er mit den Händen nur mit Mühe die Lenkergriffe erreicht. Mitten in der Nacht rast der Hansi über die leere Schnellstraße. Immer schneller und schneller. Und, was ist denn das! Die Straße wird auf einmal enger und enger. Schon ist sie so eng wie der Bachweg. Und da – er kann den Lenker nicht mehr halten, haaalt! Das Motorrad überschlägt sich –
Er wird wach und liegt vor seinem Bett auf dem Boden. Er zerrt die Bettdecke heraus und schläft auf dem Fußboden weiter.
In der Früh will ihn die Mamma wecken. Doch sie staunt nicht schlecht. Wo ist er denn, der liegt ja gar nicht in seinem Bett! Da sieht sie einen Fuß unter dem Bett hervorspitzen.
«Jetzt schlägt's aber dreizehn! Spinnst denn du total! Schläfst du neuerdings unter dem Bett?»
Der Hansi wird wach und meint verdattert: «Nein, ich hab bloß einen Motorradunfall gehabt!»

Da zweifelt die Mamma schon ein bißchen an seinem Verstand...

An diesem Montag hockt der Hansi kreidebleich in der Schule. Er kann dem Unterricht kaum folgen. Woran denkt er denn? Natürlich wieder an das Moped! Wie soll er das bezahlen? Wieviel Geld hat er auf dem Sparbuch? Wieviel in der Sparbüchse?

Der Lehrer Dobler hat eine Sachaufgabe an die Tafel geschrieben: *Petra und Peter wollen einen Käsekuchen backen. Sie gehen in den Supermarkt und kaufen ein: Butter, Quark, Zucker, Milch, Eier und Mehl.*

Jetzt schreiben sie alle Preise untereinander.

«So – das können wir im Kopf ausrechnen! Hansi, was kostet das alles zusammen!»

Der Hansi schreckt auf.

«Ich glaube, das Moped kostet bestimmt 200 Mark!»

«Moped? – Wollte der Peter ein Moped backen?»

Jetzt zweifelt auch der Lehrer Dobler an Hansis Verstand. Und die ganze Klasse lacht. Nur einer lacht nicht: der Hansi.

Und so geht es die ganze Woche lang weiter. Am Mittwoch in der letzten Stunde haben sie Religion. Der Pfarrer kommt herein und fragt: «So, was haben wir denn in der letzten Stunde durchgenommen?»

Der Schober hinten in der letzten Bank meldet sich. «Als Jesus in Jerusalem einzog, am Palmsonntag!»

«Richtig! Und wie ist er denn da hingekommen, nach Jerusalem, unser lieber Herr Jesus?»

Der Pfarrer läßt seinen Blick gnädig über alle Schülerköpfe schweifen, bis er ausgerechnet beim Hansi hängenbleibt.
«Na, Hansi –?»
Der Hansi erschrickt, er rumpelt hoch.
«Mit dem Moped!»
Die Klasse bricht in schallendes Gelächter aus.
Der Pfarrer nimmt es Gott sei Dank nicht krumm, im Gegenteil, er lacht auch und meint: «Und den Heiligenschein hat er wohl auf dem Gepäckträger gehabt?»
Aber einer lacht nicht: der Hansi! Er hat einen feuerroten Kopf und sagt den Rest der Stunde kein Wort mehr.

Wenn der Lehrer nun eine Frage stellt, flüstern ihm die andern in der Klasse jedesmal zu: «Du –! Du, Hansi, sag wieder ‹mit dem Moped›, das war so lustig!»
Aber für den Hansi ist das gar nicht lustig. Ihm ist die ganze Sache eher peinlich. Die ganze Woche sagt er freiwillig kein Wort mehr in der Schule. Außerdem muß er nur an eines denken: an das Moped! Der Onkel Herbert hat jetzt kein Moped mehr und muß zu Fuß zu seinen Baustellen laufen. Und er, der Hansi, ist schuld. Das schöne Moped ist hin. Das läßt ihm keine Ruh. Das sind die schlimmsten Tage, die er in seinem ganzen Leben durchgemacht hat.
Am Samstag nach dem Unfall nimmt er sein Sparbuch und die Sparbüchse und fährt mit dem Radl zum Onkel Herbert die sieben Kilometer nach Brennhardswald.

Der Onkel öffnet die Haustür und bellt den Hansi an: «Grüß dich, was gibt's denn?»
Der Hansi stottert: «Ich, ich wol-wol-wollt dir das, das Geld, mein Sparbuch, wegen dem Moped, ich, ich hab's doch kaputtgemacht –»
Doch der Onkel Herbert lacht ihn bloß aus.
«Ach, du Schmarrer! Das Moped hab ich sowieso waschen müssen; waren nur ein paar Tropfen Wasser im Motor. Die Maschine fährt wieder wie der Teufel!»
Ganz klar, dem Hansi fäll ein Stein vom Herzen! Er muß so grinsen, daß seine Mundwinkel fast bis zu den Ohren reichen. Er packt sein Radl und rast heim. Er weiß nicht mehr, fliegt er oder fährt er, so schnell geht es. Und während der Fahrt singt er wieder und wieder: «Das Moped ist gar nicht kapu-hutt! Das Moped ist gar nicht kapu-hutt!»
Das wäre eigentlich ein schöner Schluß für die Geschichte: ein HAPPY-END!

Aber ein kleines Nachspiel gibt es doch noch.
Geschichten verändern sich beim Erzählen oft ganz gewaltig: Da kann aus einem Schneeball eine Lawine werden und aus einem Elefanten eine Mücke, da wird aus einem Reihenhaus ein Schloß und aus Spinat mit Spiegelei das höchste Festtagsessen.
Am Sonntag nach dem Sturzflug geht der Hansi mit dem Pappa in die Kirche. Danach begleitet er ihn ins Dorfwirtshaus zum Eichinger-Wirt. Dort sitzen alle Bauern

am Stammtisch und erzählen sich die Neuigkeiten der vergangenen Woche. Der Hansi darf auch mit und kriegt eine Limo. Der Pappa sagt lange nichts. Die ganze Woche hat er kaum ein Wort herausgebracht. Aber nach dem dritten Schluck Bier wird seine Zunge locker, und er erzählt auch eine Geschichte: «Unser Hansdampf, wißt ihr, was der neulich angestellt hat, nimmt doch dem Herbert sein Moped und fährt gradaus in den Bach hinein! Ausgeschaut hat er, als wär er beim Schweinsbraten in der Soße gelegen!»
Der Pappa lacht und lacht. Alle lachen. Nur einer lacht nicht: der Hansi!
Der denkt sich: Zuerst tut er so, als wär es die schlimmste Geschichte von der Welt, und haut mir eine runter, und eine Woche später erzählt er die gleiche Geschichte, als gäbe es überhaupt keine lustigere... Na warte, Pappa, das nächste Mal nehm ich dein Auto, mal sehen, ob du dann immer noch so lachst!

Der Schülerstreik

Manchmal fängt ein Schultag furchtbar langweilig an, und dann wird es trotzdem ganz lustig. Manchmal gibt es natürlich auch Tage, da läuft es genau umgekehrt...
An so einem Schultag spielt die folgende Geschichte. Da spaziert am Mittwoch in der Früh nicht wie üblich der Klassenlehrer vom Hansi, der Herr Dobler, ins Klassenzimmer, sondern ein fremder, großer, dicker Mann namens Habinger. Das ist ein Aushilfslehrer. Er ist gekommen, weil der Herr Dobler krank ist.
«Damit nicht der ganze Unterricht ausfällt!» meint er, und: «Damit die Schüler das Lernen nicht verlernen!»
Der Habinger erinnert den Hansi irgendwie an seinen Vater – im Reden, im Gehen, im Aussehen, in allem einfach.
Und der Habinger redet auch so unheimlich langsam. Und seine Schulstunden sind furchtbar langweilig.
Da wird es bestimmt keinen wundern, daß die Kinder diesen Aushilfslehrer recht gern ärgern. Heute machen sie aus, daß sie nach der Pause in der Deutschstunde einen Schülerstreik veranstalten wollen. Wenn der Habinger irgend etwas sagt, dann soll die ganze Klasse im Chor schreien, na ja, mehr schon leise singen: «Geh-geh-geh-geh!» oder «Ja-ja-ja-ja!» oder «Nein-nein-nein-nein!»

Der Schober Schorschi von der letzten Bank, der hat die Idee. Der hat immer so pfundige Ideen. Und mit dem Schober Schorschi von der letzten Bank beginnen sie gleich während der Pause mit dem Üben. Draußen regnet es. So versammeln sie sich in der hintersten Ecke der Pausenhalle.
Die Lehrer wundern sich, daß die Kinder von der Doblerklasse nicht wie die Verrückten herumrennen, wie sie es sonst immer machen.
Die haben sich aufgestellt wie der Schulchor. Der Schober Schorschi dirigiert und formt mit dem Mund die Laute, so daß er ausschaut wie ein Karpfen.
«Geh-geh-geh-geh!» und «Ja-ja-ja-ja!» und «Nein-nein-nein-nein!»
Manchmal schimpft der Schober wie ein Rohrspatz. Das Durcheinanderreden nervt ihn gewaltig.
«Alle gleichzeitig! Gleichzeitig!» zischt er grantig.
Dazwischen gibt er immer wieder genaue Anweisungen. Einmal ist ihm der Singsang zu laut, dann klingt er zu wenig spöttisch, dann wieder zu langweilig.
«Nicht so hastig, langsamer – nein, ein bisserl schneller – jaaa, so ist's gut!»
Am Ende der Pause haben sie alle ihren Text so gut drauf, daß sie sich schon richtig freuen auf den Unterricht.
Der Schober Schorschi bleut ihnen beim Hinaufgehen im Gang noch einmal ein, daß sie unbedingt auf sein Signal warten müssen...

Endlich beginnt die Deutschstunde. Alle wetzen schon ungeduldig auf dem Hosenboden herum. Aber der Schorschi läßt sich unendlich viel Zeit mit seinem Signal.

Auf einmal deutet der Habinger auf ein Wort an der Tafel und poltert los: «*Fluß* schreibt man mit einem scharfen ‹S›!»

Und jetzt beginnt der Schober Schorschi in der letzten Bank hinten ganz ganz leise zu singen:

«Geh-geh-geh-geh!»

Und die ganze Klasse, oder fast die ganze Klasse, stimmt mit ein; zuerst zögernd: «Geh-geh-geh-geh!» Und dann noch einmal ein bißchen kräftiger: «Geh-geh-geh-geh!»

Der Hansi und der Franzi sitzen schon seit Schuljahrsanfang miteinander ganz vorne in der ersten Reihe, weil sie zu den Kleinsten in der Klasse gehören.

Und als sie zusammen mit den anderen «Geh-geh-geh-geh!» rufen, da schaut der Habinger die beiden wild an und brüllt: «Gell, jetzt ist Schluß mit dem Schmarren, sonst gibt's Saures!»

Dann geht die Deutschstunde weiter...

Irgendwann später verkündet der Habinger:

«Ein schar-r-r-f-f-fes ‹S› kann auch mitten drinnen im Wort vorkommen.»

Da fängt auf einmal der Schober Schorschi wieder an zu säuseln: «Nein-nein-nein-nein!»

Und die ganze Klasse, oder fast die ganze Klasse, macht

es ihm nach: «Nein-nein-nein-nein!» und noch einmal: «Nein-nein-nein-nein!»
Jetzt steht der Habinger kurz vor der Explosion.
«Ja, Himmeldonnerwetter! Hab ich's euch beiden nicht grad schon gesagt! Alle Übungen auf Seite 17 aus dem Sprachbuch! Bis morgen! Alle beide! Alle beide da vorn! Und die andern halten auch ihren Mund!»
Oh, oh... logisch, daß sie da erschrecken, die beiden, da muß man nämlich ganz schön lange schreiben, bis man so eine Seite mit Übungen geschafft hat. Der Hansi und der Franzi wissen das. Es ist ihnen nämlich schon einmal passiert. Aber eine Wut haben sie auch. Gemeinheit! Die andern haben auch alle mitgemacht. Und die müssen nichts schreiben! Der Habinger ist ein gemeiner Kerl, ein ganz ein gemeiner. Ja. Und der Hansi nimmt sich insgeheim vor, daß er nie mehr in die Schule geht. Ja. Grad zum Fleiß! Weil das eine Gemeinheit ist – oder, stimmt's etwa nicht?
Aber die Deutschstunde geht weiter. Eine Zeitlang passiert überhaupt nichts. Rein gar nichts geschieht. Nur langweilig ist's. Der Habinger malt an die große Tafel riesige, farbige Wörter, wegen dem scharfen ‹S›, und Sätze, Sätze und noch einmal Sätze schreibt er hin. Keiner in der ganzen Klasse paßt so richtig auf. Plötzlich ertönt ein scharfer Befehl: «Aufpassen alle! Rechtschreibheft heraus! Abschreiben, was an der Tafel steht!»
Darauf hat der Schober Schorschi nur gewartet, das reizt ihn so, daß er wieder loslegt: «Ja-ja-ja-ja!»

Und die ganze Klasse – nein, eigentlich nicht mehr die ganze Klasse, ganz wenige sind es nur noch. Ein paar Hanseln spielen noch einmal mit: «Ja-ja-ja-ja-ja!»
Der Franzi traut sich auch nicht mehr. Der zieht seinen Kopf ein und ist still.
Aber der Hansi ist noch so grantig von vorhin, daß er vor lauter Wut wieder mitmacht und sogar noch lauter und trotziger als vorher. Und er singt auch nicht mehr. Es ist ihm nämlich ganz egal, ob er mit den anderen einen Gleichklang zustande bringt oder nicht.
«Ja-ja-ja-ja-ja! Ja-ja-ja-ja!» schreit er den Habinger trotzig an und schaut ihm dabei voll ins Gesicht.
Ein paar Kinder müssen dabei lachen. So haben sie den Hansi noch nie erlebt.
Der Habinger wird feuerrot im Gesicht. Wenn er nicht gar so dick und schwer wäre, dann würde er in die Luft gehen. Ein Wunder ist's, daß es ihn nicht zerreißt.
«Das genügt!» schreit er. Und natürlich schaut er wieder nur den Hansi an.
Der denkt: O leck! Was wird jetzt passieren?
«Deinen Eltern schreib ich einen Brief! Schluß. Aus!»
Auweh! Jetzt geht's aber los... Mäuschenstill wird es im Klassenzimmer. Im Kopf vom Hansi beginnt sich das Gedankenkarussell zu drehen und zu drehen und zu drehen... Die Tränen schießen ihm in die Augen, und er versteckt sein Gesicht hinter den Händen.
Oje, oje! Da wird's was geben daheim! Der Hansi kennt doch seinen Pappa. Der ist oft so grantig in letzter Zeit.

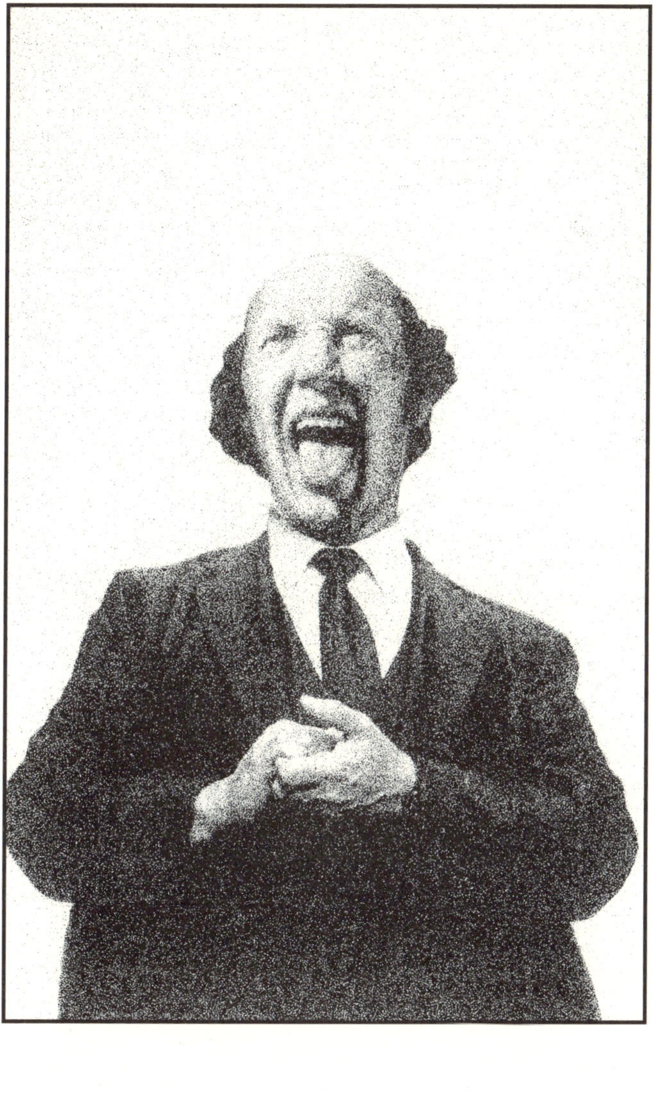

Und wenn er wütend ist, dann rastet er oft richtig aus und brüllt im Haus herum, daß die Wände wackeln. Und wenn er sich dann über sich selber ärgert, schreit er: «Schluß. Aus. Äpfel. Amen!» Danach geht er ins Wirtshaus und redet ein paar Tage überhaupt nichts mehr. Nicht einmal mit der Mamma.
Oje, oje! Einen Brief schreibt der Habinger an seinen Vater...
Bis zum Ende der Deutschstunde traut sich keiner mehr, was zu sagen. Alle haben sie Angst, daß es ihnen gehen könnte, wie es dem Hansi gegangen ist. Der würde nach der Schule am liebsten gar nicht heimgehen. Aber wo soll er denn hin? Und einen gescheiten Hunger hat er schließlich auch. Und wer weiß, ob der Pappa überhaupt Zeit hat, daß er sich um den Brief kümmert. Und überhaupt: so schlimm wird's auch wieder nicht werden, denkt er. Jeder weiß doch, wie langweilig so ein Schulvormittag oft ist.
Alle Kinder in seiner Klasse haben noch dazu einen Mordsrespekt vor ihm.
«Ja, der Hansi, das ist ein Hundling, der traut sich was, der Hansi, das ist ein Pfundskerl!»
Das ist schon irgendwie schön, wenn einen alle so bewundern. Aber dem Hansi hilft das rein gar nichts. Der Habinger erzählt nämlich alles dem Lehrer Dobler. Und der Dobler schreibt einen Brief an die Eltern vom Hansi. Da steht drin, daß die Eltern vom Hansi in die Sprechstunde vom Lehrer Dobler kommen sollen.
Der Pappa sagt weiter nichts zum Hansi. Und der Hansi

denkt schon, daß alles noch einmal gut ausgegangen ist.
Aber ein paar Tage später: Werken haben sie gerade. Einen Weihnachtsstern sollen sie basteln. Der Hansi will gerade einen schönen Zacken ausschneiden. Da klopft es auf einmal an der Tür. Ein großer Schüler steht draußen und ruft: «Der Gruber soll ins Lehrerzimmer raufkommen!»
Sofort muß der Hansi an den Habinger und die Sache mit dem «Geh-geh-geh!» denken.
Ganz, ganz langsam schleicht er die Treppe hinauf. «Im Kriechgang» würde man sagen, wenn der Hansi ein Bulldog wär. Die Tür zum Lehrerzimmer steht weit offen. Drinnen sitzt: der Pappa!
Angezogen ist er wie am Sonntag, wenn er in die Kirche geht. Sogar rasiert hat er sich. Sein Gesicht glänzt wie eine Speckschwarte.
Der Pappa unterhält sich mit dem Lehrer Dobler.
Der Hansi muß jetzt erzählen, was da losgewesen ist beim Habinger. Und warum er das gemacht hat und so.
Und der Lehrer sagt zum Pappa: «Also, hören Sie, Herr Gruber, so geht es einfach nicht! Wenn das alle Schüler so machen würden –!»
«Haben ja alle gemacht!» ruft der Hansi dazwischen.
«Du sei jetzt still, das ist keine Ausrede!»
Richtig zornig wird er, der Lehrer.
«Also, wenn das alle machen würden, Herr Gruber, was

hätten wir denn da für eine Ordnung hier in der Schule? Da könnten ja die Lehrer gleich zusammenpacken und heimgehen!»
Weil der Pappa kein Vielredner ist, muß er Anlauf nehmen beim Sprechen: «Herr-a-Herr-a-Herr-a Dobler, aber Herr Dobler –»
So redet er immer, wenn er recht aufgeregt ist. Da muß er sich halt jeden Satz genau überlegen...
«Herr Dobler, jetzt nehmen Sie das doch nicht gar so schlimm. Überlegen Sie doch einmal, wie wir in der Schule gewesen sind... Wir sind doch auch keine Engel gewesen: Sie und ich – also *ich* ganz bestimmt nicht!»
Der Hansi starrt seinen Pappa ungläubig an. Er weiß nicht: Spinnt er, oder was ist denn los jetzt! Er hat mit einem richtigen Donnerwetter gerechnet. Warum schreit denn der Pappa nicht mit ihm?
So hat er seinen Vater noch nie kennengelernt. Der nimmt ihn ja sogar vor dem Lehrer in Schutz. Sogar vor dem Lehrer! Das gibt's einfach nicht!
Der Lehrer will dann vom Hansi wissen, ob so etwas wieder vorkommt.
Und der Hansi spricht wie ein Automat: «Nein, nein, ganz bestimmt nie mehr, Herr Dobler!»
Was soll er denn sonst sagen.
Und der Lehrer meint, er würde es für dieses Mal noch vergessen, was in der Deutschstunde losgewesen ist. Dann schickt er den Hansi wieder zu seinem Weihnachtsstern.

Der Hansi tapst wie benommen in den Keller zum Werkraum hinunter. Das gibt's einfach nicht. Der Pappa nimmt ihn vor dem Lehrer in Schutz, sogar vorm Lehrer! Das gibt's einfach nicht!
Da spürt er zum erstenmal in seinem Leben, daß ihn sein Pappa liebhat, so richtig gern! Er spricht mit keinem Menschen darüber, aber der Weg zu seinem Pappa ist seitdem jedenfalls viel kürzer geworden. Und den Pappa mag der Hansi von dem Tag an viel lieber als vorher.

Manchmal sind Geschichten wie Kakteen. Man kommt nicht so nah ran an sie, weil sie so spitze Stacheln haben. Andererseits braucht man sich nicht viel um sie zu kümmern, nur ab und zu muß man sie erzählen, so wie man Kakteen hin und wieder gießen muß. Und eines Tages blühen sie über Nacht mit einemmal auf.

O Tannenbaum, o Tannenbaum!

«Verflixt und zugenäht! Jetzt taut's schon wieder!»
So grantelt der Hansi vor sich hin, als er von der Schulbushaltestelle den schmalen Feldweg zum Gruber-Hof hinaufgeht. Am Gartenzaun angekommen, haut er mit der Faust wütend die nassen Schneehäubchen von den Zaunpfosten herunter.
Zack! Und zack! Und wuuusch!
Wie das spritzt, wenn der nasse Schnee auf den Boden platscht! Da könnte man fast Spaß dran haben. Nicht so der Hansi! Heute nicht! Ein Weihnachten ohne Schnee, das ist für ihn wie ein Hühnerstall ohne Hühner.
«Mist! Auf so einem Schnee kann doch kein Mensch Ski fahren», schimpft er, «gerade jetzt, wo die Weihnachtsferien angehen!» Gerade jetzt, wo er nicht so viel mithelfen müßte zu Haus auf dem Hof!
Es ist ihm, als würden die ganzen Ferien auf dieser Wassersuppe davonschwimmen. Und er führt Selbstgespräche, bis er das Haus betritt. Dort schleudert er die Schultasche in die erstbeste Ecke und zieht den nassen Anorak aus. Die Schuhe bindet er nicht auf. Ohne sich zu bücken, tritt er sie hastig an den Absätzen herunter.
Bäh, da hängen dicke Dreckbatzen dran!
Der Pappa und die Mamma sitzen schon am Tisch. Nudelsuppe gibt's!

Oje, oje, schon wieder Nudelsuppe! denkt er.
Aber er sagt nichts.
Das würde ja doch nichts helfen.
Der Pappa schimpft über irgend etwas.
«...jedes Jahr teurer, da mach ich nicht mehr mit!»
Der Hansi setzt sich an den Tisch.
Die Mamma schaut ihn nicht an. Sie redet nur mit dem Pappa.
«Ein Weihnachten ohne Christbaum, das ist für mich kein Weihnachten! Schluß. Aus. Äpfel. Amen!»
«Ja, glaubst denn du, daß ich so einen Haufen Geld zahl für so einen windigen Baum», poltert der Vater jetzt los.
«Wir haben doch keinen Geldscheißer!»
Aber die Mutter antwortet: «Wird doch sowieso alles teurer! Warum sollen wir denn ausgerechnet beim Christbaum mit dem Sparen anfangen?»
«Aber ehrlich! Einen Christbaum brauchen wir!» rutscht's dem Hansi heraus, und ein paar Nudeln mit Suppe landen auf der Tischdecke.
«Johannes!»
Die Mamma sieht ihn vorwurfsvoll an und stöhnt: «Ein Benehmen hast du!»
Still löffeln sie weiter...
Die Mamma sagt nichts mehr.
Der Hansi sagt nichts mehr.
Der Pappa sagt nichts mehr.
Gerade als der Hansi einen Löffel Suppe in den Mund schiebt, fällt ihm was ein.

«Pappa, Mamma!»
Diesmal schleudert es die Nudeln über den Tisch bis hinüber zur Mamma.
«Jooo-han-nes!» stöhnt sie noch einmal und zupft sich eine Suppennudel aus den Haaren.
«Wir holen uns einfach einen Christbaum aus dem Wald!» platzt der Hansi heraus.
Aber das paßt der Mutter überhaupt nicht.
«Gestohlen wird nicht. Wir haben noch nie was stehlen müssen!»
Aber der Pappa hilft dem Hansi.
«Na ja», meint er, «so blöd wär das gar nicht! Da hat's doch neulich einen Haufen Bäume umgehauen bei dem nassen Schnee. Riesenbäume! Schneebruch!»
Die Mamma ist entsetzt.
«Willst vielleicht einen zehn Meter langen Baum ins Zimmer legen?»
«Einen Gipfel, Maria! Was meinst, wie schön die Gipfel von solchen Bäumen oft sind», schwärmt der Pappa.
Die Mamma sagt nichts mehr. Das sieht sie schon ein, daß man den Gipfel von so einem Baum eigentlich mitnehmen könnte.

Am nächsten Tag ist Samstag, und der Pappa hat Zeit. So macht er sich mit dem Hansi auf den Weg. Aber erst spät am Nachmittag, als es schon dunkel wird. Der Pappa weiß ja nicht hundertprozentig, ob man das darf...
Langsam zieht er seinen dicken Anorak an – nicht etwa,

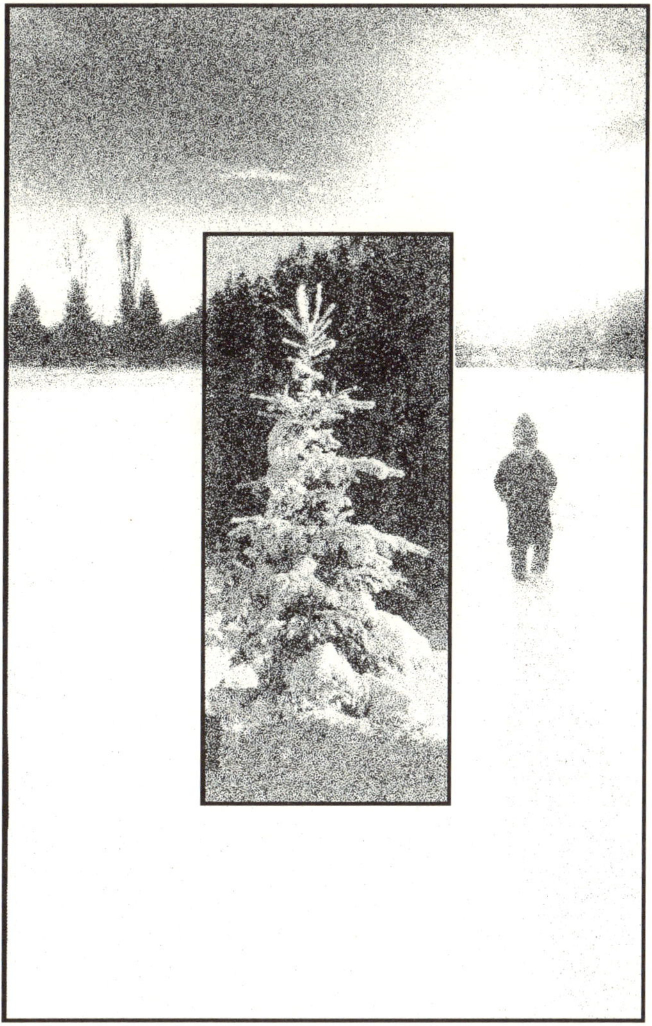

weil er Angst hätte vor der Kälte, nein, die Axt muß er verstecken: Den Stiel zwickt er innen im Anorak unter der rechten Achsel ein, und die Klinge hält er von außen durch die Tasche. Kein Mensch sieht was von der Axt.
Nur der Gang vom Pappa, der Gang wirkt leicht merkwürdig – er geht so komisch, als hätte er einen steifen Rücken oder als müsse er dringend aufs Klo.
Zuerst reden sie noch ganz zuversichtlich miteinander darüber, wie der Christbaum ausschauen soll, wie hoch, wie breit...
Im Wald drinnen werden sie immer ruhiger. Ab und zu machen sie sich noch gegenseitig Mut. Immer wieder ruft der Vater: «Schau hin, da vorn, da liegt schon wieder so ein umgestürzter Baum!»
Sie fangen an zu rennen. Im Wald liegt aber noch überall knöcheltief der Schnee. Jeder Schritt, den sie tun, ist, als würden sie in eine Pfütze steigen. In den Trittlöchern läuft sofort das Schmelzwasser zusammen, und es dauert nicht lange, dann scheinen sie in ihren Schuhen zu schwimmen.
Dem Hansi macht das Spaß. Er beginnt zu blödeln.
«Taucherflossen bräuchten wir.»
«Hirnbrand», knurrt der Pappa mißmutig. Er versteht jetzt keinen Spaß mehr.
Stockfinster ist es geworden. Nur gut, daß der Pappa den Hansi nicht mit der Taschenlampe anleuchtet. Der Boden unterm Schnee ist nicht gefroren. Jeder Tritt zieht mit dem Schuh auch ein paar Dreckbatzen heraus.

Je schneller sie gehen, desto höher haut es hinten den matschigen Dreck weg. Und weil der Hansi immer hinter dem Pappa herdackelt, hat er die Dreckspritzer schon bis im Gesicht.

Ein Bulldog müßtest du sein, dann hättest du wenigstens Kotflügel –, will der Hansi gerade sagen, aber er schluckt den halbfertigen Satz wieder hinunter. Er ist jetzt auch nicht mehr zum Scherzen aufgelegt.

Allmählich werden sie müde. Sie haben Angst, daß sie keinen vernünftigen Christbaum mehr finden. Und sobald sie einen umgestürzten Baum sehen, beginnen sie zu laufen: pflaatsch, pflaatsch, pflaatsch...

Aber keiner ist dem Pappa gut genug!

Immer wieder hat er etwas auszusetzen.

«Schau doch hin, der hat eine krumme Spitze, und der, der ist zu lang, der ist zu breit, und dem fehlen oben alle Äste, der hat nur auf einer Seite Äste, und der, der liegt zu tief im Dreck...!»

«Also nein, Pappa, jetzt reicht's mir», jammert der Hansi.

Und der Pappa stellt allmählich weniger und weniger Ansprüche.

Auf einmal wird er wütend.

Er schwitzt, er friert, naß ist er, und der Hansi winselt ihm die ganze Zeit die Ohren voll...

«So, den nehmen wir, ich mag auch nicht mehr! Schluß. Aus. Äpfel. Amen.»

Er packt die Axt und drischt auf den Baum ein.

«Irgendwie kriegen wir den schon hin», meint der Hansi zögernd. «Stimmt's, Pappa?»
«Logisch, der ist doch wunderbar», übertreibt der Vater.
Schließlich tapsen sie nach Hause. Die Mamma öffnet. Stolz schreiten Vater und Sohn mit dem Baum in die hell erleuchtete Diele. Die Mutter trifft fast der Schlag. Schuhe, Anoraks und Hosen sehen aus, als hätten sie sie durch eine Badewanne voll Kakao gezogen.
«Ja, ihr Dreckbären, die Sachen werden draußen ausgezogen!» schreit sie.
Die beiden ziehen die Köpfe ein, schlurfen hinaus vor die Haustür und ziehen fröstelnd ihre schmutzigen Sachen aus.
Endlich watscheln sie in Unterhemd und Unterhose in die Küche.
«Die Tat ist vollbracht!» sagt der Pappa stolz und richtet den Christbaum auf.
Das gibt der Mutter den Rest.
«Um Gottes willen, das ist ja ein Besenstiel!» schreit sie.
Der Hansi zieht den Rotz hinauf, der Vater die Unterhose, weil sie ihm beinah runtergerutscht wäre.
«Hansi, mach's Fenster auf», sagt er kleinlaut.
Verdutzt öffnet der Hansi das Fenster. Und der Pappa wirft den Christbaum im hohen Bogen in den Garten hinaus.
«Morgen fahren wir zum Heimbucher in die Gärtnerei

und kaufen einen gescheiten Baum – und wenn er noch so teuer ist!» meint er erleichtert, weil es ihm nun endlich gelungen ist, der Mamma nachzugeben.
Am nächsten Tag ergattern sie in der Gärtnerei einen der allerletzten Christbäume. Die Spitze ist zwar krumm, und auf der einen Seite hat er fast keine Äste, und die Nadeln fallen ihm auch schon ab. Na ja, immerhin haben sie in diesem Jahr gleich zwei Christbäume: einen draußen im Garten für die Vögel und einen drinnen im Wohnzimmer für die Mamma. Und ein Baum ist schöner als der andere.

Die Kugellagerweltkugel

Seit die Schnellstraße an Renzenbach vorbeiführt, fahren nicht mehr so viele schwere Lastwagen durch den Ort. Dafür wird die Gemeinde immer größer. Es ziehen immer mehr Leute aus der Stadt heraus. Und wer sich mit dem Fahrrad oder zu Fuß auf den Weg macht zum Einkaufen, der muß genauso wie früher aufpassen, daß er nicht unter die Räder kommt.
Zwischen Renzenbach und Regensburg hat der Wallinger eine Tankstelle mit Autowerkstatt. Dort kann man neue oder gebrauchte Fahrzeuge kaufen, oder man kann sein Auto richten lassen, wenn es kaputt ist. Auch Bulldogs und Mähdrescher und andere Landmaschinen reparieren sie dort.
Der Pappa sagt: «Der Wallinger wird fett und reich am Unglück der anderen Leute!»
Der Wallinger hat nämlich auch einen riesigen Abschleppwagen. Damit holt er die Autos ab, die auf der Bundesstraße einen Unfall haben. Und Unfälle passieren gerade genug, weil viele Leute mit dem Auto in die Stadt zum Arbeiten fahren müssen. Auch am Sonntag oder an den Feiertagen sind ständig welche unterwegs auf Ausflügen. Und immer sind sie in Eile.
«Es gibt eben keinen Bahnhof mehr in Renzenbach, und die Busse fahren viel zu selten», meint die Mamma.

«Kein Wunder, daß da so viel passiert», sagt der Pappa.
Er fährt meistens mit dem Werksbus. Einen neuen BMW bekäme er zwar als Werksangehöriger billiger, aber für die Gruberfamilie kostet er immer noch zuviel. Und mit dem uralten Opel Kadett, den sie jetzt haben, fahren sie nur kurze Strecken.
«Die Rostlaube macht's nicht mehr lang», jammert der Pappa. «Bei dem alten Schinderkarren muß man ständig damit rechnen, daß er zusammenkracht.»
Seit die Bundesstraße so pfeilkerzengerade dahinläuft, passiert noch mehr, weil die Autofahrer noch schneller fahren.
Die Unfallautos schauen oft ziemlich wüst aus. Die Feuerwehrleute in Renzenbach haben seit neuestem eine Rettungsschere, damit schneiden sie die Auto-Blechknäuel auseinander, so daß der Notarzt an die Verletzten heran kann. Wenn's ganz schlimm ist, kommt sogar der Rettungshubschrauber.

Wenn der Wallinger so einen Wagen nicht mehr richten kann, werden die Wracks nur noch ausgeschlachtet. Da holt er alles raus, was er brauchen kann, und baut es in andere Autos ein. Was dann noch übrigbleibt von so einem Auto mit Totalschaden, das kommt hinter die Tankstelle auf einen kleinen Schrottplatz, einen kleinen Autofriedhof...
Klar, daß die Tankstelle vom Wallinger den Hansi wie ein

ESSO
Esso
Waschstraße
Bleifrei
Schont den Motor,
spart Benzin.
super
Autopflege
Kontrollieren
Waschen
Ölservice

Magnet anzieht: Lenkräder, Tachometer, Autouhren, Ganghebel, Fensterkurbeln, Blinkerschalter, kleine Plaketten, auf denen der heilige Christophorus drauf ist, Tankdeckel, Scheibenwischer, Scheinwerfer- und Blinkerbirnchen, ganze Scheinwerfer, Rücklichter, Blinker, Zündkerzen, Radkappen – so viele Dinge, die der Hansi ganz notwendig brauchen kann.
Komisch ist es schon, der Pappa baut in der Fabrik die Autos zusammen, und der Hansi baut sich die Trümmer wieder aus. Na ja, der Pappa ist zuständig für den rechten vorderen Blinker – der baut jeden Tag rechte vordere Blinker ein...
Wenn der Hansi einen BMW vorbeifahren sieht, da achtet er immer ganz besonders auf den rechten vorderen Blinker und sagt zum Franzi: «Schau hin, den hat mein Pappa eingebaut.»
Einmal hat der Franzi gesagt: «Der Blinker ist ja hin!»
Da hat der Hansi seinen Pappa in Schutz genommen und gesagt: «Manchmal hat mein Pappa schließlich auch frei!»
Spaß beiseite: Manchmal ist es sehr, sehr schwierig, die Dinge auseinanderzuschrauben, weil die Schrauben eingerostet sind. Da sind ihm die Sachen, die schon zerlegt sind, viel lieber. An der Garagentür liegen oft Pappdeckelschachteln, voll mit Einzelteilen. Das sind die Trümmer, die sie beim Reparieren der Autos auswechseln.
Was man da drin findet, ist oft besser als das, was man erst mühsam auseinandernehmen muß. Da packt der Hansi

einfach so eine Schachtel, zwickt sie hinten auf seinem Gepäckträger ein und fährt damit nach Hause. Am liebsten von all den Sachen sind ihm die Kugellager.
Der Pappa hat dem Hansi erklärt, daß diese Kugellager an den Achsen oder in den Rädern, aber auch im Getriebe montiert sind, damit die Maschinen reibungslos laufen. Die an den Rädern heißen Radlager. Und man braucht sie, damit die Räder besser rollen.
Aber das ist dem Hansi eigentlich egal. Ihm geht es um was ganz anderes: In den Kugellagern stecken nämlich Kugeln – darum heißen sie ja Kugellager. An diese Kugeln heranzukommen, das ist gar nicht so leicht. Die kann man sich nicht einfach herausklauben. Sie werden von zwei Stahlringen fest zusammengehalten. Und die schauen aus wie der Armreif der Mutter, bloß dicker und größer. Einen der beiden Stahlringe muß man auseinanderstemmen, wenn man die Kugeln einzeln herausbekommen will. Und das ist eine Sauarbeit!
Beim ersten Kugellager probiert der Hansi alles mögliche aus. Ein paarmal schleudert er es mit voller Wucht auf die Teerstraße. Aber danach ist nur ein Loch in der Teerdecke, und dem Kugellager fehlt hinten und vorne nichts. Danach schmettert er es im Wald gegen einen großen Felsen, bis er Seitenstechen hat und ihm die Luft ausgeht. Nichts! Nur ein paar Kratzer hat das Kugellager. Aber ein Sprung ist bei keinem der beiden Stahlringe zu sehen. So nimmt er es mit nach Hause und versucht es mit der stumpfen Seite der Axt zu knacken.

Der Pappa dürfte das nicht sehen. Seine gute kanadische Holzfälleraxt! Mit der gibt der Vater immer an wie eine Steige voller Affen!
Den Hansi prellt es bei jedem Schlag ganz furchtbar. Das mußt du mal probieren! Stahl ist nämlich das härteste Eisen, das es überhaupt gibt! Der Hansi tut sich jedenfalls immer ziemlich hart, bis er an die Kugeln rankommt. Manchmal dauert es einen ganzen Nachmittag, bis er ein solches Lager sprengen kann.
Bei jedem Hieb saust das Kugellager wie verrückt durch die Luft. Gut, daß kein Fenster in der Nähe ist!
Nach jedem Schlag schimpft der Hansi wie ein Rohrspatz und rennt dem Kugellager hinterher. Hat er es gefunden, unter dem Holzstoß, in den Brennesseln, im Kohlrabibeet, auf dem Misthaufen, in der Regentonne oder sonstwo, dann nimmt er es, dreht und wendet es, betrachtet es eingehend, ob es schon einen Riß hat oder wenigstens einen kleinen Knacks...
Endlich nach dem 74. Schlag hat das Ding einen Sprung. Und nach dem hundertzwölften Schlag bricht der äußere Ring auseinander. Die Kugeln fliegen in alle Richtungen davon. Ach, ist das ein sagenhaft tolles Gefühl für den Hansi!
Die schönen glänzenden Eisenkugeln schauen viel kostbarer aus als Glasschusser. Schwer und geheimnisvoll liegen sie in der Hand. Schön kalt fühlen sie sich an. Wenn du ein paar solche Eisenkugeln hast, bist du der glücklichste Mensch auf der Welt. Ganz egal, was passiert,

du brauchst dich über nichts mehr zu ärgern. Alles kein Problem. Du hast ja deine wunderbaren Kugellagerkugeln!
Oft sitzt der Hansi so in Gedanken versunken da und denkt sich eine nigelnagelneue Welt aus.
«Du träumst ja, Hansi!» schimpft der Lehrer dann.
Er hat ihm schon einmal zwei Kugeln abgenommen; die hat er ihm bis heute nicht zurückgegeben.
«...weil im Unterricht nicht gespielt wird!» sagt der Herr Dobler.
Bei der Tankstelle vom Wallinger findet der Hansi Gott sei Dank immer wieder neue.
So ein Kugellager ist einfach das Höchste. Ein Kugellager reißt alles heraus, was einem während der Woche stinkt. So ein Tag, an dem man ein Kugellager findet, ist wie ein Feiertag mit Sonnenschein.
Einmal findet der Hansi gleich vier. Da ist eines dabei, das enthält gar keine Kugeln. Da stecken lauter so kleine Fässer drin! Der Hansi belädt damit seine kleinen Autos und lädt sie wieder ab: Abladen, aufladen und abladen und wieder aufladen und abladen... und noch einmal aufladen und wieder abladen.
Das wird dem Hansi nicht so schnell langweilig. Das kann er stundenlang spielen...
Der Pappa sagt immer: «Spinn dich doch aus, mit deinen Kugeln! Du bist ja schon ein richtiger Kugelnarr!»
Klar – weil der Hansi eben gar nichts anderes im Kopf hat, nur noch Kugellager, Kugellager, nichts als Kugella-

ger. Eine Zeitlang fährt er fast jeden Tag zum Wallinger und schaut, was er alles brauchen kann. Und am liebsten sind und bleiben ihm natürlich: Kugellager.
«Der Hansi ist ein Kugelwahnsinniger!» sagen seine Schulfreunde bald. Aber denen stinkt es bloß, daß sie nicht auch so viele Kugeln haben. Und weil der Pappa vom Hansi gemerkt hat, daß seinem Herrn Sohn nichts lieber ist als glänzende, schwere Stahlkugeln, kauft er ihm eine zum Geburtstag, und zwar keine gewöhnliche. Sie ist viel größer als all die anderen. Und wenn er sie in seiner Hand hält, dann hat keine andere Kugel mehr drin Platz.
Von diesem Geburtstag an sind ihm all die anderen Kugeln nicht mehr so wichtig. Ein paar der alten tauscht er sogar in der Schule gegen Gummitiere ein. Und zur Wallinger Tankstelle fährt er auch nicht mehr so oft. So eine schöne große gibt es dort eh nicht!

Jetzt hat er *seine* Kugel. Sogar sein Gesicht kann er drin sehen. Aber das schaut ganz komisch aus: wie das Gesicht eines Geistes aus der Geisterbahn! Das ist so, als würde man in eine Christbaumkugel oder hinten auf einen Löffel schauen. Das ganze Gesicht ist verzerrt und verbeult.
Sie ist ein geheimnisvoller Spiegel. Auf so einer Kugel hat die ganze Welt Platz: Renzenbach und Regensburg – freilich arg verzerrt und verbeult. In der Mitte der Kugel spiegelt sich alles dick und geschwollen. Am Rand wird

das Spiegelbild magerer und kleiner. Geht der Hansi mit dem Kopf ganz nah dran, dann wird der Kopf größer als der ganze Körper. Streckt er die Hand vor, dann ist die Hand am größten...

Der Hansi freut sich wie ein Schneekönig über seine Kugel. Sie ist seine kleine Weltkugel. Immer hat er sie in der Tasche. Auf eine Welt, die man in der Hosentasche hat, kann man viel besser aufpassen. Am Abend nimmt er sie mit ins Bett. Und beim Baden in der Badewanne hat er sie dabei. Und in der Schule auch immer wieder...

Nichts anderes braucht er mehr, wenn er nur seine große Kugel dabei hat, seine Kugellagerweltkugel, seine Zauberkugel...

Manchmal denkt er: Mit dieser Kugel kann in meinem ganzen Leben nichts mehr schiefgehen! Ich könnte mir zum Beispiel einen Beruf aussuchen. Am Samstag wünsch ich mir, ich bin Bauer, und schon bin ich Bauer, am Sonntag wünsch ich mir, ich bin Indianerhäuptling, und dann bin ich es, am Montag bin ich Achterbahnbesitzer, am Dienstag Rennfahrer, am Mittwoch Lehrer, am Donnerstag Förster und am Freitag Automechaniker – und alle Tage, natürlich so ganz nebenbei, Nebenerwerbs-Weltbesitzer und -Weltbeherrscher, genauso nebenbei, wie der Pappa Nebenerwerbslandwirt ist.

Manchmal werden Träume wahr

Eines Tages kommt der Pappa aufgeregt vom Wirtshaus heim. Er hat erfahren, daß ihr Acker neben der Schnellstraße gleich hinter dem Lärmschutzwall zum Bauland erklärt werden soll.
«Ist das schlimm?» will der Hansi wissen.
Doch der Pappa lacht ihn aus.
«Im Gegenteil, da kriegen wir viel Geld für das Feld.»
Der Vater schmiedet schon große Pläne: «Hansi, da könnten wir uns eine riesige Farm in Südamerika kaufen und Rinder züchten – in Venezuela vielleicht. Oder nach Kanada könnten wir auswandern oder nach Australien...»
Aber die Mamma kann sich mit diesem Gedanken gar nicht anfreunden.
«Du stellst dir das alles so leicht vor!» sagt sie.
Der Hansi kann sich auch nicht vorstellen, daß er von hier fortziehen soll. Wer weiß, ob man in Venezuela oder in Kanada so viel anstellen kann wie hier.
Freilich kann der Pappa hier nicht mehr als Bauer arbeiten. Aber sie leben doch schon immer hier. Und es ist verdammt viel los hier, und man kann eine ganze Menge erleben.
Der Pappa und die Mamma bleiben heute länger auf als sonst. Und sie trinken auch mehr Bier als sonst. So

kommt es, daß sie ganz vergessen, den Hansi ins Bett zu schicken.
Irgendwann hat der Pappa den Fernsehapparat eingeschaltet. Der Kasten läuft, die Bilder flimmern – aber keiner schaut hin. Der Pappa sitzt da und stiert auf den Boden. Er scheint nachzudenken. Der Hansi liegt auf dem Teppich und betrachtet seinen Vater: Alt ist er geworden, seit er in der Fabrik arbeitet. Graue Haarsträhnen und graue Bartstoppeln hat er schon. Auch die Mamma ist nicht mehr die Frischeste. Der Hansi vergleicht seine Eltern mit ihrem Hochzeitsbild, das in der Vitrine neben den Sammeltassen steht – – –
«Jo-han-nes!» ruft plötzlich die Mamma.
Das klingt so vorwurfsvoll wie immer, wenn sie ihn *Johannes* nennt. Und er weiß auch, was jetzt kommt: Ins Bett soll er gehen.
Er läßt sich auf kein Wortgefecht mehr ein heute und räumt still das Feld oder besser den Wohnzimmerteppich.
Im Bett stellt er sich vor, daß sein Bett auf einem Floß steht. Auf dem treibt er mit seinen Eltern nach Venezuela. Das Floß ist so groß, daß ihre ganze Wohnung darauf Platz hat: die Küche, das Bad, das Klo, das Schlafzimmer, das Wohnzimmer mit dem Teppich, mit allen Möbeln und dem Fernsehapparat. Seitlich an diesem großen Floß sind noch zwei kleinere Flöße vertäut.
Eines wird von einem Geländer, von einer Art Zaun, eingesäumt. Dort laufen ihre Hühner und ihre Schweine herum. Auf dem anderen stehen sein Radl, der feuerrote

rostige Bulldog und der nigelnagelneue blaue BMW, das Traumauto, das sich der Pappa als erstes geleistet hat für das viele Geld.
Im Fernsehapparat sind alle möglichen Sprachen zu hören, aber die deutsche Sprache und erst recht die bayerische haben sie wohl weit hinter sich auf der anderen Seite der Weltkugel gelassen.
Wie viele Wochen treiben sie so dahin?
Gut, daß sie Spielkarten, Mühle, Dame und das Mensch-ärgere-dich-nicht-Spiel dabeihaben.
Eines Nachts landen sie an einem Sandstrand. Als es hell wird, stehen fremde Leute um sie herum – einige heben faustgroße Steine auf. Der Kreis schließt sich bedrohlich eng um die Gruberleute, da fliegt der erste Stein und zertrümmert die Scheibe vom Bulldog, der zweite trifft den Fernseher, ein Brocken fliegt auf den Hansi zu – – –
Gott sei Dank wieder nur ein Traum!
Im Träumen ist der Hansi stark. Wenn's gefährlich wird, hört er einfach auf. Dann dreht er sich auf die andere Seite, grapscht unter dem Kopfkissen nach seiner Kugellagerweltkugel und nimmt sie fest in seine Hand.
Nein, um nichts in der Welt würde der Hansi die Kugel eintauschen!
Er wälzt sich im Bett hin und her und versucht in eine andere Richtung zu träumen: Er braucht einen besseren Traum.
Als ihm seine Mamma früher einmal die Geschichte vom *Hans im Glück* erzählte, wunderte er sich über den dum-

men Kerl, der einen Goldklumpen für ein Pferd, das Pferd für eine Kuh, die Kuh für ein Schwein, das Schwein für eine Gans und die Gans für einen Schleifstein eintauschte. Der hätte ja mindestens hundert Pferde oder tausend Kühe oder zehntausend Schweine oder hunderttausend Gänse oder eine Million Schleifsteine für das Gold bekommen!
Auf einmal kann sich der Hansi schon vorstellen, daß er auf die ganze Welt verzichtet, ja sogar auf seine Kugellagerweltkugel, nur damit er hier in Renzenbach bleiben darf...
Er will nicht fort von hier. Er muß verhindern, daß der Pappa das Feld verkauft und so viel Geld hat, daß sie nach Venezuela oder sonstwohin auswandern können. Also trifft er sich mit der Karin, mit dem Franzi, mit dem Schober Schorschi und mit der Barbara. Sie bauen einen Staudamm quer durch den begradigten Renzenbach. Das Wasser steigt und steigt. Allmählich stehen all die begradigten Felder und Wiesen am Bach entlang unter Wasser. Ein riesiger See entsteht und überschwemmt all die begradigten Vorgärten der Häuser ringsum. Am Ufer des Sees stehen Leute – sie wollen Grundstücke besichtigen und Bauland erwerben.
«Aber das ist ja ein Badeweiher, ich kauf doch hier kein Grundstück!» schimpft eine Dame, steigt in ihr Auto und fährt weg.
Und alle anderen Grundstückskäufer suchen ebenfalls das Weite. Denn das Begradigte, das sie suchen, ist ver-

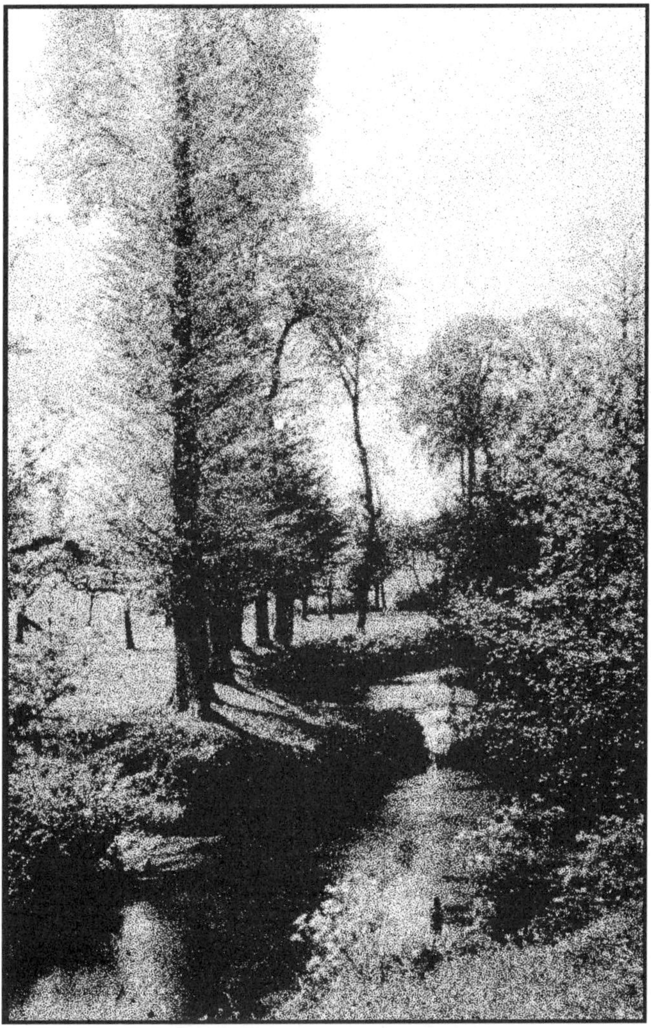

schwunden. Das Gerade ist wieder krumm geworden. Über der neuen Welt ist wieder die alte aufgetaucht. Die Karin, der Franzi, der Schober Schorschi, der Johannes, der Hans und der Hansi bleiben hier in Renzenbach in dieser neuen alten Welt. Hier sind sie zu Haus: Schluß. Aus. Äpfel. Amen.

Zwei Wochen später stand folgender Artikel im Lokalteil der Mittelbayerischen Zeitung:

Der Renzenbach darf «zurück zur Natur»
Aus für Baugebiet in den Bachwiesen

Der Bach soll sich wieder schlängeln und darf über die Ufer treten. Zuerst war er wild. Er schlängelte sich wie er wollte durchs Tal, dann aber wurde er begradigt, in Beton gefangen, gezähmt. Doch die Zeiten ändern sich, manchmal werden sie sogar besser, zumindest für den Renzenbach. Zurück zur Natur heißt es für ihn jetzt, und voraussichtlich noch heuer.

Nachdem der Gemeinderat einhellig gegen das geplante Baugebiet in den Wiesengründen entlang des Renzenbachs und für die sogenannte Renaturierung gestimmt hat, liegt die Planung nun der Regierung vor. Nach Informationen des Wasserwirtschaftsamtes ist man guter Dinge, daß baldmöglichst mit den Arbeiten begonnen werden kann.

Er soll wieder «Schleifen» machen dürfen, an seinen Ufern sollen Erlen und Weiden wachsen, und – der Bach wird's kaum glauben – an manchen Stellen ist es sogar erwünscht, daß er wieder über die Ufer tritt. Dafür hatte er früher noch «Gefängnis» gekriegt, war in Beton gezwängt worden. Aber «lebenslänglich» hatte es für ihn nicht geheißen, er konnte es erwarten, nach Jahrzehnten der Begradigung wieder ausbrechen zu dürfen.

Harald Grill, geboren 1951 in Niederbayern, lebt seit 1988 mit seiner Frau und seinen beiden Kindern im Dorf Wald, nicht weit von der tschechischen Grenze. Er ist freiberuflicher Schriftsteller und Mitglied des PEN-Zentrums der Bundesrepublik Deutschland. Seine Bücher wurden ins Französische und ins Russische übersetzt. – Kulturförderpreis der Stadt Regensburg (1983); Würzburger Literaturpreis (1988); Drehbuchwerkstatt/Hochschule für Film und Fernsehen, München (1990/91); Friedrich-Baur-Preis der Bayerischen Akademie der Künste (1992).

Foto: Stefan Hanke

Veröffentlichungen (Auswahl): *wenn du fort bist*, gedichte. Hauzenberg 1991. – *einfach leben*, bairische gedichte. Regensburg 1994. – *Hochzeit im Dunkeln*, Erzählung. Regensburg 1995. – *Vater unser*, Hörspiel. NDR. Hamburg 1996. Bei rotfuchs gibt es außerdem: *Gute Luft, auch wenn's stinkt* (Band 332) und *Da kräht kein Hahn nach dir* (Band 548).

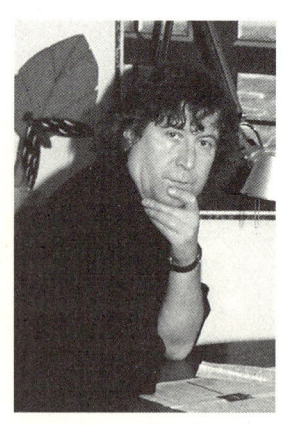

Hanno Rink, geb. 1942; studierte Architektur und Malerei in München; seit 1971 ist er als Maler, Grafiker, Buchgestalter und Illustrator für in- und ausländische Zeitschriften und Buchverlage tätig. Für rotfuchs illustrierte er u. a. *Auf und davon* (Band 664), *Wem gehört die Welt?* von Karlhans Frank (Band 730) und gestaltete mehrere Buchumschläge.